王欣夫先生遺稿

元貞本論語註疏攷證

王隱晉書

李慶 編

復旦大學出版社

『十四五』國家重點出版物出版規劃項目

前言

這裏編入的，是五種王欣夫先生遺存的著述：

《元貞本論語註疏攷證》

《許廎經籍題跋》（彙輯整理）

《王隱晉書》（輯佚）

《積書岩摹古帖題跋》（彙輯）

《管子校釋》

王欣夫（一九〇一——一九六六）名大隆，號補安，以字行。祖籍浙江秀水（今嘉興市），其祖寓居江蘇吳縣（今蘇州），爲吳縣人。生前是復旦大學的教授，爲近代著名文獻學家，著述甚富。

這是徐鵬師和王欣夫先生的哲嗣王啟棣先生託付給筆者的王欣夫先生遺著的一部分。有關各書的情況，可見各書前的提要。

王欣夫先生遺存的著述和原來蛾術軒藏書的留存情況，筆者在《蛾術軒篋存善本書録》標點本和影印本的兩種《前言》中，曾做了一些介紹。但那些書的傳佈範圍有限，爲了便於讀者瞭解，根據筆者所知，再做一些簡單地補充介紹。

王欣夫先生生前，已經編輯出版過不少著作，如和友人共同編纂的《八年叢編》，他收輯的顧千里《思適齋題跋》、編纂的黄丕烈和顧千里的《黄顧遺書》，整理的胡玉縉的《許廎學林》《四庫全書總目提要補正》等。此外，還有大量的成果有待出版，如他重新整理成書的《惠棟集》《顧千里集》《黄丕烈集》，胡玉縉的《許廎遺書五種》等。這些著作原稿，有的存於出版社，如《顧千里集》《黄丕烈集》；有的被要求退修，如《惠棟集》《許廎經籍題跋》；還有的存於家中。

『文革』初期，一九六六年秋冬之際，王欣夫先生去世。手稿、藏書等都存放在復旦大學分配給王先生的原住處。後來，工宣隊入校，該隊領導下令，王欣夫的藏書，包括他的著述、整理的手稿、抄本等所有文獻，要全部搬出。因爲該處房屋要給其他職工居住。『房子是給人住的，不是放書的。』王欣夫先生的夫人聞訊，一面急着想辦法處理，一面通知了徐鵬先生，並委託徐鵬先生處理這些資料。那時，復旦大學中文系高年資的教授，配有助手，以傳承他們的學術專業。徐鵬先生是王欣夫先生的助手。徐鵬先生聞訊，報告了系裏的領導，並向歷史系教授譚其驤先生請求幫助。譚先生是王欣夫先生的朋友，當時主持國家科研項目《中國歷史地圖集》的編纂，他把此事告知了當時在上海市分管文教系統工作的朱永嘉先生。因朱永嘉先生是復旦大學歷史系畢業的，知道王欣夫先生所藏文獻的價值，就指示復旦大學收下這批典籍。

於是，復旦大學才准許收存這批文獻。

在這期間，王欣夫先生的家屬，曾和上海的古舊書店聯繫，取出了一部分藏書，送到那裏。餘下的藏書，經徐鵬先生和中文系領導商量，得到同意，從住所搬到中文系的一個辦公室中暫時堆放。徐鵬先生和當時中文系的領導一起，找出了一些王欣夫先生的主要著述稿本、日記等收藏，準備以後整理。後來，放在中文系的那些圖書又轉到了復旦大學圖書館。

這樣，王欣夫先生的遺留文獻，大致就分成爲這樣三部分：

一部分藏書，經上海古舊書店，流傳到了社會上。筆者未進復旦大學時，在工作之餘，常跑書店。記得在福州路的舊書店，曾看到過一部王欣夫先生批校的《郡齋讀書志》，當時尚不曉先生業績，且囊中羞澀，故未購下。今日回想，猶感遺憾。其他流傳市井的藏書，當還有不少。

另一部分，存復旦大學。其中有大量王先生的藏書、批校過的文本、不少江南地區著述的抄本和已經彙輯成書的著述，對照《蛾術軒篋存善本書録》便可知曉。王先生有個習慣，一部文稿，爲了防止流失，往往會花錢請人謄抄一份或兩份。所以現存於復旦大學圖書館的王欣夫先生的藏書中，會有和其原稿相同或相近的文本。近年不少整理出版的復旦大學所藏和王欣夫先生有關的文獻，大多出於這部分藏書。有的署上了王先生之名，有的則未署。可惜的是，復旦大學圖書館當時没有把先生的書設立專櫃收藏，有些書散雜在其他的藏書中了。

還有一部分，由徐鵬先生收藏。後來，徐鵬先生把王先生視爲鎮庫之寶的《積書岩摹古帖》、先生的日記、稿件等，歸還給家屬。家屬收藏的《摹古帖》、日記，流入市場，在市場上頗受歡迎。還有一些文稿，王先生的哲嗣王啟棟先生尊重母親原先的意見，仍請徐鵬先生處理，留存徐先生處。

這些文獻中，徐鵬先生整理出版了《文獻學講義》《藏書紀事詩補正》，並和鮑正鵠先生一起整理標點了王先生的代表著作《蛾術軒篋存善本書録》，由上海古籍出版社出版。並曾和學生一起整理出《蛾術軒篋存善本簡明目録》，油印若干，供學生學習和有關者參考，筆者曾參與其事。筆者後來也策劃整理出版了《顧千里集》，由中華書局出版。並由上海人民出版社影印出版了《蛾術軒篋存善本書録》的原稿本，受到好評。其他一些著述和散亂的文獻，徐鵬師因爲工作及健康原因，未及整理。在二十一世紀初，將這部分文獻，託付給筆者。

除了上述已經出版的，筆者對所收的王先生的著述，一直不敢忘懷。每當回想起先生們託付給我這些文獻時的神情，總感到責任的沉重。時而翻閲，並和友朋商討處置的方法。

這部《叢書》所收的著述，有的是王欣夫先生自己的著作，有的是彙集而成的前人之作，有的是親筆原稿，有的是請人抄録的稿本，有的是在稿本上又加以校改的本子，有的是稿本的影印件。大多没有明確的時間，據筆者推斷，成書的年代前後不一，前後相距幾十年。面對這些遺著，可以感受到先師立世治學的人生軌跡。

欣夫先生年輕時期，主要接受的是傳統經學教育，關注《四書》《五經》。《元貞本論語考證》，是這個時期學習研究的結晶。這一時期，欣夫先生曾師從金松岑，受到當時新思潮的影響。

中年時代，欣夫先生當然感受到社會的動盪。他當時所做的，正如傅增湘先生在《辛巳叢編序》中所言：『甲子（按：一九二四年）以後，家國多故，往日流風，寖以銷歇。未幾，欣夫乃會集同志，起而振之』，收集遺篇，彙聚出版，『甫閲數年，干戈忽起。艱難支拄，以迄於今』。並引用温廷敬《庚辰叢編序》中語，稱欣夫先生『拮据籌維，堅韌弘毅不可及』，『今大戰勃發（按：指太平洋戰爭），時局全非，財力之耗竭，百物之騰昂，非意計所可料』，典籍的出版費用『十倍前時』，依然『百計補苴，力肩此舉』，歷經各種波折，『傳古之業，艱巨如斯』，給與了欣夫先生相當高的評價。

民族存亡之際，王欣夫先在《八年叢編》中努力保存的這批歷史文獻資料，如《靖康稗史七種》《吳三桂記略》等，雖説其中有些著述的真僞，學界還有不同意見，但不乏可供研究參考者。而且，其中是否也包含着王欣夫先生内心藴藏的、希望社會不忘這些歷史教訓的情懷呢？

中年以後，欣夫先生受先賢之託，整理遺稿。本書所收《許廎經籍題跋》，以及已經刊行的《許廎學林》《四庫全書總目提要補正》等，都是這一時期的産物。輯佚的《王隱晉書》，或也是這一時期之作。

中華人民共和國成立以後，先生學習了新的思想，對早年的著述，做了整理和總結。同時，也關心新的學術動態，《管子校釋》是這個時期的産物。

晚年，先生對自己的著述做了總結歸納。《蛾術軒篋存善本書録》是其代表作，而《積書岩摹古帖題跋》或也是在這一時期彙輯而成。

各個時代、每個人的人生追求、價值觀念都不盡相同。綜上所述，在這百年的時代大潮中，王欣夫先生自然不是站在風口浪尖上的弄潮兒。他被社會大潮挾裹著，並非指導時代方向的先鋒。但是，這並不意味着他没有自己的人生理念和價值判斷，没有對自身人生方式的選擇。

他做着自己力所能及的事，一生不離不棄，不隨波逐流，不見異思遷。在他遺留文字的字裏行間，可以感受到他在國家受到外敵侵略時的立場，可以察看到他追隨時代前進的足跡，可以領略到他秉存的道德理念及現實生活中的愛好和追求。先生的哲嗣王啟棟生前告訴筆者，他們兄弟四人，有的在美國、有的在我國香港、有的在内地，在醫學、建築、文物、電氣等領域，都學有所成，有所建樹。王欣夫先生爲此感到欣慰。這反映了他的家教，由此也可以看出王欣夫先生爲人的一個側面，映現了那個時代知識分子的一種生活方式。人間社會本來就是由各種不同類型的人物組成的。

在百年前，王欣夫先生做了選擇，一心一意，在古典文獻領域中，努力收集、執着探究。在二十世紀五十年代初，當時在文化部擔任領導職務的一位著名學者，想請他到北京大學任職，他謝絶了。可見，他即使有機會，也不企攀高枝，見異思遷。他留下的學術著述，保存彙輯的衆多文獻典籍，有的已被整理出版，還有不少尚待整理。在歷史的進程中，由於各種社會的、政治的、個人的原因，許多人和事都被抹殺或被遺忘，消散在歷史的長河中。但也總有人自覺地、或無意地把歷史上發生的事件、存在人物的有關文獻保存下來。這些文獻在當時或並不顯眼，無多實際用處，然而，任何人都無法斷言這樣的文獻可能具有的價值。這也許就是許多歷史文獻得以存在的原因和理由。

『人有遇與不遇，書也有遇與不遇』，每念及王先生這樣的話語，就令人感到一種淡然的超脱。這是先生對現實功利的一種態度。

對於王欣夫先生的著作和留存的文獻，二〇二一年，先生誕辰一百二十週年時，復旦大學舉辦過一個紀念活動，據説打算出版王欣夫先生的日記等。出版的事，後來具體進展如何，筆者因在海外，尚不得知。筆者在會上應邀做了書面發言。其中有這樣一段話：

在某種意義上，這也是對半個多世紀前，復旦大學處置王先生藏書的一種正式的反思。王先生的藏書文獻，從被棄之街頭到展於廳堂，經過時光的驗證，證明了這些藏書的價值，證明了王先生以其一生奉獻的學術事業的價值，也顯現了半個世紀以來，中國社會環境的變化和觀念的進步。

或可供大家共同思考。

王欣夫先生幾十年間被視爲『絶學獨傳』，鮮有人問津。他在近代中國學術史上的業績，漸漸被社會和學界認知。作爲再傳弟子的筆者，自然感到由衷的欣慰，雖然這未必是王欣夫先生追求的目標。

近年來，王先生的藏書和當初被棄置的文獻，受到的關注度在提升。有不少藏書已被用各種形式出版。有些年輕的朋友着手整理的一些著述，因爲目前現實的出版狀況，尚未刊出。復旦大學出版社的編輯顧雷，多年關注王欣夫先生的遺著，數次和我談起要出版這些遺稿，希望能够儘快出版。在這樣的情況下，我整理編輯了這部叢書。按理，應該對這些著述再做進一步整理研究，但隨着年齡的增長，精力的衰退，感到力不從心，因此採用影印的方式，先將著述按其原樣公諸於世。或可供有意願的同仁整理研究。在編纂的過程中，自然有許多不足之處，期待着方家的批評指正，也期待有更好的整理文本出現。

李　慶

二〇二四年春草於東京，七月修改

目録

元貞本論語註疏攷證

《元貞本論語註疏攷證》稿本提要

李　慶

《論語註疏解經攷證》，原書分爲兩册。謄抄在黄色的毛邊紙上。無絲欄，每半葉十一行，行三十字左右。書前有寫於一九五一年十一月的《自序》。該年王欣夫先生正好五十歲。此書乃是一部抄本，復旦大學圖書館還有其他抄本存在。兩者稍有不同。

根據《自序》可知，這部稿子是王欣夫先生歷年研讀《論語》的結晶。《自序》簡單地介紹了該書形成的過程：十二三歲，欣夫先生跟塾師初讀《論語》，以貴池劉氏刻元貞本《論語注疏解經》爲底本，對《論語》的文字進行了校覈。三十歲前後，入曹元弼復禮堂，重新校讀，發現不少阮元《十三經注疏校勘記》、劉氏《論語劄記》的錯誤。到二十世紀四五十年代，先生根據少年時代讀書校勘的記録，整理成書。寫成於一九五一年十一月。

爲了方便讀者理解這部著作的學術價值，這裏簡單地介紹一下《論語》的版本流傳。

現存最早的《論語》文本——定州本《論語》出土之前，文本主要是各種抄本和刻本。六朝時期的《論語》多以抄本、碑刻形式流傳，包括敦煌出土的殘卷、存於日本的抄本（如中村不折所藏《鄭玄注》殘卷、足立學校的《皇侃義疏》）、唐代的開成石經等，已有很多學者做了研究。此不贅述。

宋代刊刻的《論語注疏》，爲何晏注、邢昺疏。此後明清時代的《論語》，多出於此。清代阮元刊刻的《十三經注疏》

中，文本主要根據宋代刊刻的『十行本』。

在清代，研究《論語》的學者頗多。就文本而言，最受關注的是日本所藏的舊抄本皇侃《論語義疏》。此書清乾隆年間由日本傳回。《四庫全書總目提要》曰：『康熙九年，日本國山井鼎等作《七經孟子考文》，自稱其國有是書，然中國無得其本者，故朱彝尊《經義考》注曰：「未見。」今恭逢我皇上右文稽古，經籍道昌，乃發其光於鯨波鮫室之中，藉海舶而登秘閣。殆若有神物撝訶，存漢、晉經學之一線，俾待聖世而復顯者。其應運而來，信有非偶然者矣。』光緒間，清廷駐日公使黎庶昌特地通過外交途徑，給日本外交部長大隈重信寫信，才用重金派人從足利學校抄得《論語義疏》。（見陳捷整理《清客筆談》，載拙編注《東瀛遺墨》）楊守敬著録於《日本訪書志》，頗加推賞。但對此書也有不同的看法。如胡玉縉認爲『《皇疏》於名物典制亦不甚詳，然皆下己意，所引各家大率空言名理，無一徵實者』（《四庫全書總目提要補正》第二三二頁）。

清代有代表性的《論語》著述，劉寶楠的《論語正義》，對何晏的《集解》、邢昺《論語注疏》多有補正。同時，也有學者關注到宋代以降其他的《論語》文本。清光緒三十三年（一九〇七），貴池劉世珩玉海堂影刻元代元貞丙申（一二九六）平陽府刻的《論語注疏解經》十卷，就是這樣一個文本。它保存了《十三經注疏》本《論語注疏》以外的一些文本色彩。

一九五一年，王欣夫先生因當時的時代變遷，必須『學習新知識』，認爲此學不會有新展開，所以作爲對自己過往學問的一個總結交代，仿劉孟瞻（文淇）《春秋左傳舊注疏證》之例，撰成此本《考證》。這裏有着對以前生活的回憶，殘

留着對青春時代的依戀，也有着和過往訣别、面向未來的意願。（見《自序》）

所以，無論對於研究《論語》的文本，還是對於研究王欣夫學術思想的發展來説，此書有其存在的價值。在此影印出來，供研究參考。

筆者所知，有學者已對此書在進行整理研究，我們期待有關的研究成果早日問世。

自序

余年十三四讀書家塾師授論語用朱子集注本課餘好閱肆見貴池劉氏玉海堂景刊元貞本論語注疏解經槧印精美目為之明喜而購歸始知朱注前有何氏集解邢氏疏比而觀之頗多異義嗜書之癖於是乎益篤年二十從學於復禮曹師之門得聞治經家法以論語為幼所習焉重加溫尋並取阮氏元本參校知阮氏校勘記劉氏札記均有失誤迺以蒙之見條記於元貞本眉端綜而言之有阮本不誤而元貞本誤者如人而無信章疏軏崇三尺有三寸札云阮軏作軹誤不知考工記輈人注明是軹字禘自既灌而往章疏灌以圭璋用陽氣也札云阮作用玉氣也不知郊特牲明是玉字麻冕章疏太史氏左俟氏升西面立札云阮作太史氏右俟氏不知覲禮明是右字且不於俟氏斷句宰我問三年之喪章下疏若駒之過隙札云阮作駟壹使足成其文理札云阮足

下衍以字不知三年問明是駟字以字此皆阮本不誤而札記不舉以勘正元
貞本之失也亦有元貞本阮本俱誤而札記不檢原書勘正反議阮本者如子
張問十世章疏云洛予命云札云阮作洛子命不知此全襲禮檀弓疏彼固作
洛予命也子貢欲去告朔之餼羊章疏祖考廟考廟王考廟皇考廟顯考廟札
云按祭法祖考廟當在顯考廟之下阮作祖廟曰三字尤誤不知此全襲左文
六年經疏彼固云考廟王考廟皇考廟顯考廟祖考廟也然猶得謂邢叔明襲
各經疏文猝不及檢耳邢襲各疏十居八九姑舉此兩條為例若射不主皮章疏大射者謂祭祀
射札云阮譌作為士不大射士無一臣祭無所擇也札云阮不大射上無士字又無
一字不知此用周禮司裘注彼云大射者為祭祀射又云士不大射士無臣祭
無所擇固易於尋檢者也至於道千乘之國章疏何氏避其父名也乃札云阮
作包氏按晏為何進孫其父不知何名不知此語襲用皇侃有朋自遠方來節

三三七

疏顧作札時容或未檢豈邢叔明集解序疏何晏字平叔何進之孫咸之子亦可云未見耶竊謂元貞本源出宋本其精善處如不逆詐章疏言先覺人者是甯能為賢乎言非賢也所以非賢者以詐偽不信之人為人億度逆知反怨恨人札云阮是字下脱甯能至賢也九字為人作為之億度下又脱五字各本俱無古者民有三疾章疏蕩者謂曠蕩無所依據古之矜也廉者謂有廉隅今之矜也忿戾者謂忿怒而咈戾札云阮脱謂曠至戾者二十四字子路從而後章疏反可廢君臣之義而不仕乎欲潔其身而亂大倫者倫道理也言女不仕濁世札云阮脱乎字至不仕十八字凡札記所表而出之者皆與日本島田翰古文舊書考所載宋甯宗時刊論語注疏本合尚有叔孫武叔毀仲尼章疏亦與相合語多不備錄為出於宋本之塙證且其本又遠勝於宋十行本故作札記即無十行以前宋本亦當就邢叔明所襲各疏互為校勘尚可十得七八而惜乎劉氏之僅規規於阮氏

自序　二

校勘記也因思重爲改作以發元貞本之善並仿劉孟瞻左氏傳舊疏攷證例別爲一書尋以別治他經因循至今迄未有成茲將舊稿録成攷證五卷明知疏漏孔多而犬馬之齒倏逾五十方且學習先進知識於斯事諒不能再有所益回憶三十年前一鐙伏案猶縈心目序而存之聊以自省云爾公元一九五一年十一月吳縣王大隆自序

自序二頁計字百十七

抄过

無古者民有三疾章疏蕩者謂曠蕩無所依據古之矜也廉者謂有廉隅今之矜也忿戾者謂忿怒而咈戾札云阮脱謂曠至戾者二十四字子路從而後章疏反可廢君臣之義而不仕乎欲潔其身而亂大倫者論道理也言女不仕濁世札云阮脱乎字至

自序　四

景刊元貞本論語注疏解經攷證卷一

吳縣原籍秀水王大隆撰

論語序　阮氏元刻宋十行本作論語注疏解經序已下凡言十行本者俱省稱阮本今攷證祇據阮本參校以補文達校勘記所未及其校勘記所列各本及所已言者概不復舉焉

翰林侍講學士朝請大夫守國子祭酒上柱國賜紫金魚袋臣邢昺等校定

阮本作奉勑校定

序解

疏相與輯而論纂　孟子題辭解疏即襲此疏其輯字作集案漢書藝文志顏注輯與集同

鄭元云仲弓子游子夏等撰定　自夫子既終至撰定皆本經典釋文

敍錄本作鄭康成云仲弓子夏等所撰定而無子游其論語序釋文則作鄭玄云仲弓子游子夏等撰而無定字邢參用之孟子題辭解疏又襲此云鄭注云仲弓子游子夏等撰述云云

皆仲尼應答弟子　自論者綸也至時人之辭皆本論語序釋文並約皇侃義疏序所稱先儒解釋以說之惟釋文無應字孟子題辭解疏襲此亦無應字可知邢氏原本必無應字也

齊論語者　自漢興至今以為主焉皆本釋文敘錄阮本脫語字誤

凡二十二篇　阮本作二十一篇誤

唯王吉名家　釋文本作王陽當是邢據漢書本傳王吉字子陽改

序

疏成帝詔向校經傳諸子詩賦　阮本脫向字誤

秩二千石　今漢書百官公卿表無此四字案續漢百官志太子太傅中二千石其秩視前漢為優足證前書有之邢所見尚景祐以前本可寶如此

少好學　漢書夏侯勝傳少下有孤字邢去之

鄒魯諺曰　漢書韋賢傳鄒魯上有故字邢去之

此四人者皆傳魯論語　阮本脫者字

王卿天漢元年由濟南太守為御史大夫庸生名譚　案百官公卿表天漢元年濟南太守琅邪王卿為御史大夫二年有罪自殺釋文書敘錄膠東庸生名譚亦傳論語皆邢所據劉氏楚楨論語正義引翟灝說謂邢疏當別有所本故著於此

金璽盭綬　阮本作盭是也

於壁中得此古文論語也　阮本得此上有故字

謚曰共　漢書魯恭王傳無此三字邢本尚書序疏

狀復圜圖　自故漢武帝至故曰科斗也皆襲用尚書序疏阮刻十行

本書疏復作腹誤

齊論有問王知道　已下皆本釋文敘錄

古論雖無此二篇　阮本作亦無誤

從沛郡施讎受是　據漢書張禹傳是當作易此誤

代士商為丞相　據禹傳士商當作王商此誤

南郡奉書　據漢書地理志奉當作秦此誤

復為臨江郡　地理志無郡字此衍

屬荆州　地理志屬上有莽曰南順四字謂莽時屬荆州也邢以續漢

郡國志南郡亦屬荊州故去之

破許慎五經異義　自鄭元至起穀梁廢疾皆本釋文敘録破當作駁

此誤

注尚書禮喪服　自王肅至難鄭元皆本釋文易敘録本作容服　即隋

書經籍志喪服經傳一卷王肅注是也故邢改喪服

士録云字文逸　自周生烈至侍中皆本釋文敘録惟今本釋文作七

録云字文逸案意林載周生烈子序云六蔽鄙夫燉煌周生烈字文逸

與此疏合作逸為是七録者即隋書經籍志儒家梁有周生子要論一

卷録一卷魏侍中周生烈撰是也此作士録誤

自下己意　阮本作己言誤

此乃聚集諸家義理　自杜氏至言同而意異也皆本春秋序疏特改

杜言集解為杜氏注春秋左氏傳謂之集解又改何晏論語集解為此字耳固唐六朝舊義也

無卽經　今漢書百官公卿表大夫下無此三字邢所見本有之

並音步浪切騎而散從無常職也　阮本不分大小字作一行直下誤

切作反與漢書百官公卿表注同

駙副也非正駕車皆為副馬　今百官公卿表注副下有馬字又副馬作駙馬案太平御覽皇親部引漢書此注猶作駙馬非正駕車皆為副馬與邢所見本合

學而第一凡十六章　此本釋文注章數阮及各本皆無之

疏為政以下諸篇所以次　阮本無以字誤

學而時習之章

二〇三

疏孔子言學者　阮本言作曰誤

注馬曰子者至說釋　阮本釋作懌是也又下正義曰上脫墨圍

公羊傳曰　孟子題辭疏襲此曰作云

十五成童舞象是也　内則本文無十五二字邢據注加而失鄭意

鄭云春夏陽也　阮本作鄭玄云

一曰在内曰說在外曰樂　此本釋文惟鼓云作曰自作在

亦說樂之一事耳　阮本無一字誤

鄭注云羣謂同門朋友也　阮本作鄭玄注云

其為人也孝弟章

注然後仁道可大成　羣書治要引無道字

疏有若少孔子四十三歲　史記仲尼弟子列傳無四字此誤衍鄭玄曰

魯人見集解

道千乘之國章

疏史記齊景公時有司馬曰穰苴　自齊景公時至司馬法皆本釋文而加史記二字案釋文雖用史記司馬穰苴傳因有周禮司馬掌征伐之語故不言史記邪見他疏引此數語有稱史記者而增之不悟彼無周禮云云也田誤作曰阮本不誤

而千乘之國　阮本而作此是

伯子男自方三百里而下　阮本脫里字

地官小司徒云　自坊記云至故優為之也皆襲用詩魯頌閟宮疏阮刻十行本詩疏云作曰

謂鄉之所出　閟宮疏謂上有自字案當作自謂與下文自謂相同

一九〇

非彼三軍之車也　閩宮疏車作事似誤

故今在此　阮本今作令誤

則依國之大小出三軍二軍一軍也　閩宮疏依作侯誤無三軍也三字邢以則是六軍矣下加入周禮大司馬序官至皆與周禮不合者七十五字中有大國三軍次國二軍小國一軍之語增此以完文義阮本作出三軍二軍一軍也是也此作三軍誤

公侯之制　據孟子萬章篇無之制二字此衍

何氏避其父名也　阮本作包氏案序疏云或曰以包氏諱咸故沒其名但言包氏即是此義其實包氏諱咸句亦當作何氏阮本所作是也蓋包何形近故兩本互誤

故土功畢　據左傳注當作息阮本是也

賢賢易色章

疏女有美色　阮本美作姿

若能改易好色之心　阮本若作者屬上不好賢爲句

衛人也　案弟子列傳無此三字集解引家語云衛人似不當羼入

慎終追遠章

注君能行此二者　羣書治要君上有人字與皇本合

夫子至於是邦也章

疏子禽至求之與　阮本無與字誤

禮之用章

注亦不可行　史記仲尼弟子列傳集解引馬融曰可下有以字羣書治要作亦不可行也無以字

一四七

疏有子至行也　阮本作有子曰至行也

謂析居不和也　阮本析作所誤

信近於義章

疏以其言可反覆不欺　阮本作反復誤

注義不必信信非義也　阮本此下脱墨圍

是合宜不必守信也　元趙悳論語注疏纂要合宜下有而字

君子食無求飽章

疏敬孫務時敏　此鄭用學記所引兊命也阮本孫作遜蓋别本據尚書改

貧而無諂章

疏子貢至來者　阮本子貢作子曰誤

不驕己為美德　阮本己作而誤

不患人之不己知章

注王曰徒患己之無能　各本均脫惟皇侃義疏有王肅曰但患己之無能知也與此略殊知皇疏来自日本已經纂改非原本也

疏子曰至人也　阮本舉全文

而怨人不知己　阮本怨作患誤

為政第二凡二十四章　此亦本釋文

為政以德章

疏包曰至共之　阮本此下脫墨圍

漢書天文志云　阮本云作曰

運於中央　案漢書於作于

詩三百章

疏今具存者　阮本具作其是

道之以政章

疏此章言爲政以德之効也　阮本効作效

吾十有五而志于學章

疏於是乃志于學也　阮本于作於

命天之所稟受度也　阮本度作者誤此天字疑亦爲人字之誤蓋本

中庸注性者人所稟受度也

孟懿子問孝章

疏此夫子爲説無違之事也　阮本説作言以下子游問孝章疏例之知

其誤

陳其簠簋而哀慼之之屬也　此邢用孝經喪親章文阮本慼作戚誤

注孔曰至謚也　阮本孔下衍子字

注鄭曰至樊須　阮本此下脫墨圍

齊人少孔子三十六歲　案弟子列傳無齊人二字惟集解引鄭玄曰

齊人此攝入歲下阮本有也字

孟武伯問孝章

疏武伯懿子之子仲孫彘也　阮本之下無子字誤北監本毛本有

公會齊侯於蒙　案左傳作盟于蒙此及阮本並脫盟字誤

子游問孝章

注孟子曰食而不愛　案孟子本文不作弗

吾與回言終日章

一七一

疏子曰至不愚　阮本脱不字

髮盡白蚕死　阮本蚕作蚤誤

温故而知新章

疏素所未知者　阮本脱者字誤

乃𧂐尸俎　自案左傳至温燖故食也皆襲用禮中庸疏阮本𧂐作熱誤

猶若温燖故食也　中庸疏燖作尋誤

君子周而不比章

注孔曰忠信為周阿黨為比　左文十八年傳疏引論語此文以君子小人相對故鄭玄云忠信為周阿黨為比是此孔曰當作鄭曰或僞孔襲鄭義

疏注忠信為周　阮本注下有曰字誤

學而不思則罔章

注學而不尋思其義　阮本脫而字誤

疏則徒使人精神疲勞倦殆也　阮本脫也字

攻乎異端章

疏斯則爲害之深也已　阮本已作以屬下其善道者有統句誤

由誨女知之乎章

疏此誨語辭也　阮本無語字是

志抗直　弟子列傳抗作伉孟子公孫丑疏襲此疏亦作抗

子張學干祿章

注亦同得祿之道　史記仲尼弟子列傳集解引此注無亦同二字疑此二字因疏誤衍

一四七

疏猶須愼言其餘不疑者　此與下猶須愼行其餘不危者兩猶字阮本
俱作尤義得兩通

季康子問使民敬忠以勸章

注孔曰魯卿季孫肥康諡　羣書治要作康子魯卿季孫肥也

則民敬其上　羣書治要敬下無其字

則民勸勉　羣書治要勸下無勉字

疏故問孔子曰　阮本問下有於字

康者　阮本康作知知者為疏家常語此誤

或謂孔子曰章

疏或謂至為政　阮本此下脫墨圍

能施於有政令　案君陳孔傳作能施有政令此衍於字阮本作能施

有政是也令作令誤

此外有何事其為為政乎　阮本脱有字

人而無信章

注孔曰言人而無信其餘終無可　羣書治要無言人而三字可下有也字

也曰大車牛車輗者轅端横木以縛軛小車駟馬車軏者轅端上曲鉤衡

羣書治要輗軏下皆無者字作縛軛者鉤衡者也

疏其駕牛　考工記鄭注其下有車字當補

軏崇三尺有三寸　案考工記輈人注明作軓崇阮本是也此作軏誤

子張問十世章

疏言殷承夏後　此與下周代殷立相對為文阮本後作后似誤

故人為三綱　阮本綱作網此誤

一八七

陽道極則陰道受陰道極則陽道受明一陽二陰不能繼也　纂要兩
則字皆作而一陽二陰作一陰二陽
又春秋緯元命包　自夏尚黑至是湯始改正朔也皆襲用禮記檀弓
疏阮刻十行本禮疏包作苞
以夜半為朔　阮本朔作用誤
郤高惟之　阮本惟作推與檀弓疏合此誤
高辛氏以十三月為正　檀弓疏三誤二可據此及阮本正之
為下物得陽氣　阮本下作百與檀弓疏合此誤
故夏有玄圭　檀弓疏圭作珪
洛于命云湯觀於洛沈璧而黑龜與之書黃魚雙躍　此作于阮本作
子皆誤當如檀弓疏作予詩商頌譜疏引中候雒予命云天乙在亳東

觀於洛黄魚雙躍出濟于壇黑烏以雒隨魚亦上化為黑玉赤勤曰玄精天乙受神福命之予伐桀命克予商滅夏天下服可證其勢運有數而相生變革也　阮本而字在其勢運上勢作世已見校勘記

非其鬼而祭之章

疏掌建邦之天神人鬼地示之禮　阮本亦作示是也此誤

八佾第三凡二十六章　此亦本釋文

孔子謂季氏章

疏服虔以用六為六八四十八人　自此至故同何杜之說皆襲用左隱五年傳疏特傳疏作故同何說邪加杜之二字耳此四十八人及下三十二人十六人本無人字邪以馬注有人字增之

令以舞勢宜方　隱五年傳疏令作杜

則每行人數亦宜減　隱五年傳疏則作即

鄭玄云　自此至冬至廣莫風至亦襲用隱五年傳疏惟傳疏先言金石土革絲木匏竹為周禮大師職文次言鄭玄云自知為周禮春官注此但言金石土革絲木匏竹則鄭玄云云未免太突

又易緯通卦驗云　隱五年傳疏無又字

重周公故以賜魯　自案禮記至以天子之禮樂亦襲用隱五年傳疏傳疏康周公句乃叅統原文也此作重誤

又明堂位曰　隱五年傳疏無又字直接康周公句

僭用他廟也　自故昭二十五年至此亦襲用隱五年傳疏特傳疏作僭用八也邪改他廟二字耳

三家者以雍徹章

疏云天子祭於宗廟　阮本脱云字誤

師學士而歌徹　案周禮本文作帥此作師誤

夷狄之有君章

疏子曰至亡也　阮本舉全文

若周召共和元年　阮本元作之是

左傳魏絳云諸華必叛　自襄四年至有文章之華也皆襲用左閔元年傳疏惟於襄四年傳加左字耳阮本華作夷誤

華夏皆謂中國也中國而謂之華者　阮本無也中國三字誤

季氏旅於泰山章

注泰山之神反不如林放邪　太平御覽禮儀部地部兩引此注有孔子意云

一七一

泰山之神知禮過於林放之賢遠也十七字一同但無於字也字

疏周禮大宗伯職云　周禮春官大宗伯此作太誤

則旅上帝及四望　阮本則作明誤

鄭玄曰魯人　見史記弟子列傳集解

君子無所爭章

疏子曰至其爭也君子　阮本無其爭也三字

其藕皆以禮相揖讓也　阮本藕作耦此誤

不同小人厲色攘臂　阮本攘作援誤

勝者袒史　據射義注史當作決此誤

注王曰至相飲　阮本此下有墨圍此脫

揖如升射　纂要作揖如升時

卷一　十二

揖讓外降也　自儀禮大射云至此皆襲用禮射義疏此升作外形近

而誤

巧笑倩兮章

注其下一句逸也　史記仲尼弟子列傳集解引馬融曰也作詩

孔曰　史記仲尼弟子列傳集解引此注作何晏曰孔言繪事後素疑此

孔曰即因孔子言作孔言而誤實何注也

疏畫繪之事　據考工記當作繢此誤

夏禮吾能言之章

疏武王克殷　據樂記本文克殷下當有反商二字或邢去之

禘自既灌而往者章

注灌者酌鬱鬯灌於太祖以降神也　釋文出鬱暢本今作鬯

一七五

故不欲觀之矣　史記禮書集解引無矣字

疏注孔曰至觀之　阮本此下有墨圍此脫

自爾之後　魯禮三年至殷祭皆王制注周禮大宗伯注同惟之後作以後

皆升合食於太祖是也　據公羊傳於當作于

用陽氣也　據郊特牲陽當作王阮本作王是也

陳列太祖前　自此至尚敬皆公羊傳文二年傳注

此注云亂昭穆及魯語云　自當閔在僖上至故先儒無作此說皆襲左文二年傳疏惟加此注云亂昭穆及七字及又似閔僖異昭穆者又字爾

設令兄弟四人　阮本令作令案此東晉元帝建武中賀循議也通典

戴其文作比有兄弟四人云云比有即設令意孔疏改設令耳

或問禘之說章

注如指示掌中之物言其易了　史記封禪書集解引包氏曰作如指視以掌中之物言其易也

疏其說如何　阮本作何如

故更為或人言此也　阮本脱故字誤

祭如在章

注包曰孔子或出或病云云　儀禮特牲饋食禮疏引論語孔子云吾不與祭如不祭注云孔子或出或病不自親祭云云與包注全同據賈疏例凡稱注云皆鄭注則此包曰當作鄭曰

子入太廟章

一六九

疏以時人多言孔子知禮　阮本以作也屬上誰謂鄹大夫之子知禮者為句誤

古謂大夫守邑者　自大夫守邑至即此類也皆襲用左成二年傳疏惟加者字及改孔子為鄹人之子句論語謂三字為故此謂棄邢意欲以新築人證鄹人耳若解鄹人之稱則襄十年傳疏明云紇為鄹邑大夫公邑大夫皆以邑名冠之呼為某人是也

射不主皮章

注馬曰射有五善一曰和志體二曰和容有容儀三曰主皮能中質四曰和頌合雅頌五曰興武與舞同　此注頗有舛譌據太平御覽工藝部所引其一曰和下作志體和也又四曰和頌作和順五曰興武作興舞而無與舞同三字疑馬注原文但依鄉大夫五物為言恐意有未明故又云言射

卷一　十四

者不但以中皮為善亦兼取和容也若如今本逐句解釋則末二語贅矣或今本是說論語者解釋馬義散附句下作一曰和志體和二曰容有容儀三曰主皮能中質四曰和頌合雅頌五曰興武與舞同後乃羼入正文未可知也

疏子曰至道也　阮本至下有古之二字

則有主皮主皮者　阮本不重主皮二字案周禮鄉大夫注當有之

則六藝之射與禮與樂是也　據鄉大夫注當作禮樂與此誤

王大射則共虎侯熊侯豹侯　阮本作熊侯虎侯豹侯與周禮司裘職不合誤

大射者謂祭祀射　阮本謂作為與司裘注合此誤

千五十　阮本千作干與司裘注合此誤

二一四

示服猛討迷惑者　阮本迷下衍士字與司裘注不合誤
士不大射士無一臣　司裘注作士不大射士無臣阮本脱上士字此
衍一字皆誤
子貢欲去告朔之餼羊章
注包曰羊存猶以識其禮　案舊唐書禮儀志載王方慶奏云魯自文公始
不視朔子貢見其禮廢欲去其羊孔子以羊存猶可識其禮羊亡其禮遂
廢故云爾愛其羊我愛其禮本集解鄭包注義爲説猶以作猶可足證唐
本如是此誤
疏牽是牲可牽行　自僖三十三年至故爲生也皆襲用詩小雅瓠葉疏
阮刻十行本詩疏無上牽字當補
故鼓解者以爲腥曰餼　瓠葉疏解者以爲作知字

此及聘禮注皆云牲生曰餼　鄒葉疏此字作論語皆字無並邢所增改

由不與牽相對　鄒葉疏由作爲

此云子貢欲去告朔之餼羊是用牲羊　自周禮太史至故於文王在門爲閏皆襲用春秋文六年經疏改論語云爲此云至特羊作牲羊阮本作生羊此皆誤

則謂之朝政　文六年經疏政作正阮本同此誤

釋不朝正于廟是也　文六年經疏同阮本于作於誤

朝廟朝享朝正　文六年經疏同阮本脱朝享朝字誤

杜預春秋釋例曰　文六年經疏無此杜預春秋四字邢加

皆委心焉　文六年經疏同阮本心作任誤

故受位居職者思效忠善　文六年經疏效作効阮本作孝皆誤

則六卿六遂之長　文六年經疏卿作鄉阮本同此誤

常必由此　文六年經疏常作恆

閏月朔朝廟　文六年經疏脱廟字誤

又惡其密聽之亂公也　文六年經疏同阮本密作審誤

故告以特羊　文六年經疏同阮本以在故上誤

所從言異耳　文六年經疏言下有之字此及阮本皆脱

玉藻説天子朝廟之禮云　文六年經疏無朝廟二字邢加

杜預以明堂與祖廟爲一　文六年經疏無預字邢加

祖考廟考廟王考廟皇考廟顯考廟　阮本祖考廟作祖廟曰餘與此同皆顛倒錯誤文六年經疏則祖考廟在顯考廟下與祭法合當據改

正

故春秋文公六年經云閏月不告朔猶朝于廟　文六年經疏作故云

猶朝于廟無春秋文公六年經云閏月不告朔十三字邢加

公羊傳云　文六年經疏云作曰阮本同此誤

定公問君使臣章

疏敬王十一年即位　阮本敬王上有以字

關雎樂而不淫章

疏子曰至不傷　阮本此下脱墨圍

哀公問社於宰我章

注因周用栗　太平御覽禮儀部引孔安國曰云云無周字

疏知其虛妄　阮本虛作非誤

一五一

二一〇　三九八

不可復諫正也　阮本正作止是

夏都安邑宜松殷都亳宜柏周都豐鎬宜栗　大司徒疏作夏居平陽宜松殷居亳宜柏周居鎬京宜栗

張包周本以為哀公問主於宰我先儒或以為宗廟主者　此本春秋文二年經疏以張包周等並為廟主及先儒舊解或有以為宗廟主者故杜依用之又公羊文二年傳疏今文論語無社字是以何氏以為廟主等語合為此疏故下云杜元凱何休用之解春秋亦為宗廟主

杜元凱何休用之解春秋　阮本用之下有以字

管仲之器小哉章

注以為謂之太儉　阮本太作大是

疏子曰至知禮　阮本知作之誤

卷一　十七

唯管氏不知禮也　阮本唯上有言字

明有二歸之道也　阮本二作三與公羊注不合誤

尊於房戶間　自以鄉飲酒至故其坫在兩楹間也皆襲用禮郊特牲疏阮本脱尊字誤

賓筵受爵　自熊氏云至其實當飲畢亦襲用郊特牲疏本文筵下有前字阮本同此脱

反此虛爵於坫上　阮本此字作坫誤

而云酌畢各反爵於坫上者　郊特牲疏作而論語注邢改云字

其實當飲畢　郊特牲疏當下有云字此脱

子語魯大師樂章

疏言作正樂之法可得而知也謂如下文始作翕如也者言正樂始作則

五音翕然而盛也　自作正樂之法至正樂始作則二十六字阮本皆
脫又脫翕然下而字誤

儀封人請見章

疏使定禮樂也　阮本使下有其字

儀封人既見夫子　阮本儀封人下有請字誤

則知諸侯封人亦然也　自周禮至皆是國之邊邑也皆襲用左隱元
年傳疏本無則字邢加

左傳言潁谷封人　隱元年傳疏本作傳言祭仲足為祭封人宋高哀
為蕭封人論語有儀封人此言潁谷封人邢改論語有為此云又改傳
言云云為左傳言潁谷封人未思以祭仲足宋高哀例之當云左傳言
潁考叔為潁谷封人也

此云木鐸施政教時所振者 自禮有金鐸木鐸至所以振文教是也
皆襲用書胤征疏本作今云木鐸邪改此云

子請韶章

疏韶紹也言舜之道德繼紹於堯也 此邪約樂記注語本作韶之言紹
也言舜能繼紹堯之德

元命包曰 此本樂記疏曰本作云

虞書益稷云簫韶九成 阮本虞作其簫作蕭皆誤

老使攝 阮本老作若誤

作樂者緣民所樂於己之功 禮器注無者字疏有之或邪據疏或邪
所見本有者字皆未可知

居上不寬章

卷一六五

一九五

疏子曰至之哉　阮本舉全文

里仁第四凡二十六章　此亦本釋文

里仁為美章

注鄭曰永居而不處仁者之里　案太平御覽人事部引此注作求善居而不處於仁者之里不得為有智與文選潘安仁閒居賦此里仁所以為美注引鄭玄曰里者人之所居居於仁者之里是為善也義相承接蓋以善字釋美又以求善居釋擇居六朝本當是如此恐邢所見已有脫誤矣此求字似作永宋元板永每作𣱵與求形近而誤阮本永作求

不仁者不可以久處約章

疏知能昭識其事　阮本昭作照

富與貴章

五六三

注此則不以其道而得之　阮本無而字

顛沛偃仆　釋文出僵字云本今作偃後漢書盧植傳注引馬融注曰造次急遽也顛沛僵仆也雖急遽僵仆不違仁也是偃仆當作僵仆羣書治要與後漢書注引同

疏此之二者　阮本無之字下句同

造次猶言草木次　阮本無木字是

我未見好仁者章

注孔曰惡不仁者　阮本孔曰下有言字

言人無能一日用其力脩仁者爾　阮本爾作耳

疏言人無能一日用其力脩仁者爾　阮本無作誠

人之過也章

人之過也　阮校勘記皇本高麗本人作民案羣書治要注云比黨謂族親也
過厚則仁過薄則不仁也又人亦作民

朝聞道章

疏子曰朝聞道夕死可矣　阮本此下脱墨圍

君子之於天下也章

疏則與之相親也　阮本無之字

君子懷德章

疏重難於遷徙　阮本重作者屬上小人安安而不能遷爲句

刑法也　阮本也作制是

君子樂於法制齊明　阮本明作民誤

放於利而行章

卷一　二十

疏此章輕利也　阮本輕作惡

不患無位章

疏言不憂無爵位也　阮本無無字

參乎章

疏忠謂盡忠心也　阮本作盡中心也是

故云而已　阮本已下有矣字

君子喻於義章

疏子曰至於利　阮本舉全文

父母在章

疏子曰至有方　阮本舉全文

三年無改於父之道章

九九

疏子曰至孝矣　阮本舉全文
學而篇是孔注云此是鄭注本或二處皆有　自此章與學而篇同至
本或二處皆有悉本釋文但釋文應於集解斷句作本或二處皆有集
解謂德明所見集解本或學而里仁皆有注或有無注者故不能碻定
其為重出也又釋文學而下無篇字云作今恐云即今之誤阮本無云
字或後人以其不可解而去之

父母之年章

疏子曰至以懼　阮本舉全文

古者言之不出章

注奢則驕佚招禍儉約無憂患　羣書治要佚作溢儉約下有則字憂患下
有也字

卷一　二十一

疏子曰至遠也　阮本舉全文

　君子欲訥於言章

注言欲遲而行欲疾　羣書治要無而字

疏子曰至於行　阮本舉全文

　德不孤章

疏居不孤時　阮本時作特是

　周易乾卦文言文也　阮本脱下文字誤

是亦德不孤也　自身有敬義至德不孤也皆襲用易坤文言疏案阮刻十行本易疏無亦字

　事君數章

疏子游至疏矣　阮本舉全文

一二四

景刊元貞本論語注疏解經攷證卷二

吳縣原籍秀水　王大隆撰

公冶長第五凡二十八章　案釋文作二十九章

子謂公冶長章

疏張華云公冶長墓在陽城姑幕城東南五里所墓極高　此襲用史記仲尼弟子列傳集解文惟曰字改作云案續漢郡國志琅邪國下本注建武中省城陽國以其縣屬琅邪其所領姑幕縣下注引博物記曰淮水入城東南五里有公冶長墓則此陽城當改作城陽

子謂南容章

疏在宮不被廢棄　阮本宮作官是

以昭七年左氏傳云　自此至仲孫玃生南宮縚是也皆襲用禮檀弓

疏本作案左氏昭七年傳邪改

子謂子賤章

注子賤安得此行而學行之　史記仲尼弟子列傳集解引包氏曰無行之

二字

賜也何如章

注黍稷之器　太平御覽器物部引此注黍稷上有盛字而人事部引無之

疏子曰女器也者　阮本脫者字誤

或別有所據　阮本別作引案此襲用左哀十一年傳疏但引明堂位

說四代之器即接云如記文則夏器名璉殷器名瑚而包咸鄭玄等注

論語賈服等注傳皆云夏曰瑚或別有所據或相從而誤邪既增改字

句又以未釋簠簋乃取明堂位注及疏所云鄭注周禮舍人云方曰簠

二〇〇

圓曰蓋屏入其中遂致不可分曉 ○纂要明堂位云云下接如記文至而誤也記作說誤而別不誤

雍也仁而不佞章

疏為善捷敏是善佞祝鮀是也為惡捷敏是惡佞即遠佞人是也　自服虔云至故云焉用佞耳皆襲用左成十三年傳疏惟改論語云為而此云及敏捷為捷敏又增祝鮀是也即遠佞人是也十字耳

道不行章

注馬曰桴編竹木大者曰栰小者曰桴　詩廣漢疏引論語曰乘桴浮于海注云桴編竹木曰栰小曰桴似是鄭注

疏浮度于海　阮本度作渡

孫炎云舫水中為泭筏也　自郭璞云至秦晉之通語也皆襲用詩周

南漢廣釋文惟釋文引孫炎注爾雅云方木置水為柎柎栰也與此不
同則又參用漢廣疏引孫炎曰方水中為泭筏也

孟武伯問子路仁乎章

注不可全名　阮本此下有也字與史記弟子列傳集解所引合

疏故謂之兵賦　自服虔云至正謂以兵從也皆襲用詩擊鼓疏本
無兵字邢因孔注賦兵賦增之

戎馬一疋　阮本與下戎馬四疋同作匹案此自周禮至步卒七十二
人皆本左成元年傳注本作匹

又鄭注此云　阮本無此字案禮大學疏故論語云百乘之家鄭云采
地一同之廣輪是也為邢所本則此字不可無

司馬法成方十里出革車一乘　此左襄二十一年傳疏引之者又用

匠人疏鄭注論語引司馬法云成方十里出長轂一乘義也

女與回也孰愈章

注孔曰愈猶勝也　左襄十三年傳疏引鄭玄論語注云愈猶勝也則孔曰當作鄭曰或偽孔襲鄭義

宰予晝寢章

注包曰　阮本作孔曰然疏中出注包曰宰予弟子宰我九字可知孔為誤字本作包曰也

此二者喻雖施工猶不成也　史記弟子列傳集解引同惟無此字阮本喻上有以字成下無也字恐誤

疏泥鏝也李巡曰鏝一名杇塗泥之作具也　阮本鏝作塗杇作朽誤塗泥作塗土土又工字之誤蓋邢本爾雅釋文李云泥鏝一名杇塗工之作

作具其作爾雅疏亦云鏝者泥鏝也一名杇塗工之作具可以互證則
此塗泥亦誤至下云因以泥牆為杇阮本泥牆亦作泥塗誤與此同
吾未見剛者章
疏史記云申棠字周　自鄭云至家語云申繢字周皆本釋文案今史記
弟子列傳申棠作申黨與陸所見本異
夫子之文章章
注章明也文彩形質著見可以耳目循　史記孔子世家集解引何晏曰章
明文彩形質著見可以耳目修案修循形近而誤明也之也似當刪去
疏謂天所命生人也　阮本也上有者字與禮中庸注合此脫
水神則知土神則信　阮本知信互倒與中庸注合此誤
使物嘉美而會聚　自謂天之體性至為天之四德也皆襲用易乾文

二三二

言疏易疏而作之誤可據此校正

利者義之和也者　易疏無也字此衍

使各得其宜而和同也　易疏使下有物字阮本同此脫

天本無心豈造元亨利貞之名也　阮本天本無心下有豈造元亨利貞之德也天本無心十三字始接豈造元亨利貞之名也句以易疏校之惟下句天本無心當作無名耳此脫誤十三字

子路有聞章

注故恐後有聞　史記仲尼弟子列傳集解引孔安國曰後作復

孔孔文子何以爲之文也章

疏而得謂之文也　阮本文作聞誤

子謂子產章

疏據發而言故後或謂之國僑　阮本發作後僑作焉誤　孟子萬章疏襲此已作據後

晏平仲章

注周曰　此周生烈注之始見者魏志王朗傳注云何晏集解有烈義例是其書名義例也

臧文仲居蔡章

注包曰節者栭也云云　左文二年傳疏引論語此文鄭玄云節栭也刻之為山梲梁上楹也畫以藻文蔡謂國君之守龜山藻節梲天子之廟飾皆非文仲所當有之與包義同

疏藻水草有文者　阮本者下有也字

則辰是公子彄曾孫也　自案世本至此皆襲用禮禮器疏則辰二字

邢因注加

故曰臧也　阮本故下有姓字誤

鄭玄包咸皆云出蔡地因以爲名　自漢書食貨志至此皆襲用左襄二十三年傳疏本作鄭玄云云與後漢書馬融傳注所引適出蔡地故以爲名合謂鄭論語此注也包咸皆三字邢因注加

杗廇謂之梁　據爾雅棄當作杗阮本作杗亦誤

而文仲僭爲之故言其奢侈　自此是天子廟飾至故曰虚也皆襲用左文二年傳疏本作皆非文仲所當有之邢因注言僭與奢侈故易此二語

令尹子文章

注無有可止也　阮本也作者是

疏陳文子則曰猶吾大夫崔子也　阮本猶吾下有齊字下句同是也
邴子母見之懼而歸夫人以告　據左傳母為田之誤而無夫人字蓋
邢以意增之
周禮云卿大宰為長　自此至楚臣令尹為長皆襲用左宣十二年傳
疏下云故從他國論之謂令尹為宰邢改從他國之言或亦謂之宰六
卿誤作云阮本作六是也
在襄二十五年　阮本在作左誤
子在陳章
疏斐然以成文章　阮本以作而
伯夷叔齊章
疏案春秋少陽篇　自此至齊亦謚也皆本釋文釋文所謂春秋少陽篇

一八〇

以史記伯夷列傳索隱其傳蓋韓詩外傳及呂氏春秋也其傳云伯夷名允字公信叔齊名智字公達言之春秋少陽篇當即呂氏春秋而今無其篇

武王以平殷亂　阮本以作已與伯夷列傳合此誤

巧言令色足恭章

疏使僻其足以為恭謂前卻俯仰以足為恭也　此本書同命疏使僻者前卻俯仰以義（是）為恭義顧書疏雖作使僻實因下言僻側而誤其經注皆作便僻固與論語釋文所出便辟合也邢既取書疏又以便習盤僻釋便僻盤僻即鄉黨包注所謂盤辟則疏文本作便辟可知又以足書疏誤以是當據此疏校正

一曰足將樹切　案釋文出色足云將樹反又如字注同知疏中將樹

卷二　六

切用陸德明語也以本疏體例言之則此將樹切三字當作小字書
為是將樹切成也今衍足字

已矣乎章

疏子曰至者也　阮本舉全文

十室之邑章

疏衛瓘讀焉於虔切　此據釋文焉衛瓘於虔反為下句首而推瓘義言
之今日本所傳皇疏亦載瓘說適與相反可知其偽阮本於虔作為虔
誤

言亦有如我之好學者也　阮本有作不無者字誤

雍也第六凡三十章　此亦本釋文

雍也可使南面章

一五二

一五一

注言仕諸侯治　纂要治上有之字

疏子曰雍也可使南面　阮本此下脱墨圍

治理一國也　阮本也上有者字

仲弓問子桑伯子章

疏以其行能寬略安也　阮本安作故是

乃太簡也　阮本太作大

故荅曰然　阮本脱荅字

則以此為秦大夫恐非　鄭云秦大夫見釋文案邢疏每以則為即則

以此猶言即以此也孫志祖以則為衍非是

哀公問弟子章

疏誰為好樂於學者　阮本誰為樂於好學者誤

卷二　七

三一七

人皆聞過憚改　阮本聞作有
言今無好學者矣　阮本今下有則字
得之於二　阮本二作貳與易注不合誤
子華使於齊章
注鄭曰非冉有與之大多　阮本大作太與史記弟子列傳集解合是
疏爲善使適齊也　阮本適下有於字
少孔子四十三歲　阮本三作二與史記弟子列傳合是
今江淮之間量名有爲籔者　自聘禮記至今文籔爲逾皆襲用左昭
二十六年傳疏阮本有作以誤
原思爲之宰章
疏此章明受祿之法　阮本明下有爲字

一六六

一五三

鄭注曰至爲黨　阮本作注鄭曰是而此下脱墨圍

子謂仲弓曰章

注騂赤也　史記仲尼弟子列傳集解引此注作騂赤色也與疏同此脱

疏此章復評冉雍之德也　阮本評作謂誤

季氏使閔子騫爲費宰章

注語使者善爲我作辭　阮本作託使者善爲我辭焉誤

疏禹南入濟　案地理志泰山郡萊蕪縣下云禹貢汶水出西南入泲汶

水桑欽所言

伯牛有疾章

疏魯人也　阮本無也字

賢哉回也章

三〇九

注孔曰簞笥也　案儀禮士冠禮注簞笥也疏云鄭舉其類注論語亦然則孔曰當作鄭曰或僞孔襲鄭義

孔曰顏淵樂道　史記仲尼弟子列傳集解引孔安國曰淵作回蓋唐人避諱所改

疏此章歎美顏回之賢　阮本脱美字誤

非不說子之道章

注非力極也　阮本脱也字誤

子游為武城宰章

疏退而修行　弟子列傳作而退

孟之反不伐章

疏大震倅車屬焉大震即大殿也　自司馬法謀帥篇至音相似皆襲用

一五六

左襄二十三年傳疏傳疏震作晨邢所見誤本或有作震者蓋司馬法唐初已亡左僖三十三年傳疏所謂司馬兵法其書既亡未見其本知傳疏所引尚用六朝人舊疏也

不有祝鮀之佞章

疏子曰至世矣　阮本舉全文

盟于皇鼬　阮本皇作皐與春秋合此誤

及皐鼬將盟　左傳無將盟二字邢加

舊通於南子　阮本於作于與左傳注合纂要同此誤

誰能出不由戶章

疏子曰至道也　阮本舉全文

質勝文則野章

注包曰野如野人言鄙略也　儀禮喪服疏引論語鄭注云野人麤略則是鄭同包義

包曰彬彬文質相半之貌　文選陸士衡文賦注引論語此文孔安國注曰彬彬文質見半之貌則包曰當作孔曰或僞孔襲包義

疏後可為君子也　阮本後上有然字是此脫

知之者章

疏子曰至樂之者　阮本舉全文

中人以上章

疏子曰至上也　阮本舉全文

樊遲問知章

疏此所以為仁也　阮本也下有已字

一四九

齊一變章

注令其政教雖衰　阮本令作今疏亦同是也

疏子曰至於道　阮本舉全文

觚不觚章

疏子曰至觚哉　阮本舉全文

異義韓詩說　自此至不得名觴皆襲用詩周南卷耳疏若禮禮器疏

雖亦有此文而首云案異義今韓詩說此無今字故知非用禮器疏也

阮本説作為誤甚

飲不自節　卷耳禮器兩疏皆作自節阮本作省節誤

仁者雖告之曰章

注包曰　阮本作孔曰

君子博學於文章

疏子曰至矣夫　阮本舉全文

子見南子章

疏欒肇曰　自此至天命也皆史記孔子世家集解

中庸之為德也章

疏子曰至久矣　阮本舉全文

如有博施於民章

疏諸之也　阮本作之語也屬上此孔子荅子貢為句誤

述而第七凡三十八章　釋文作三十九章下注今三十八章

疏此篇明孔子之志行　阮本明上有皆字

述而不作章

一三二

疏子曰至老彭　阮本舉全文

李云名鏗　自此至其人甫壽七百年本莊子逍遥游釋文

周守藏室之吏也　自老子者至此皆史記老莊申韓列傳文阮本吏

作史與史記合是此使吏誤

默而識之章

疏子曰至我哉　阮本舉全文

不有倦怠　阮本怠作息

德之不修章

疏子曰至憂也　阮本舉全文

子之燕居章

疏子之至如也　阮本舉全文

如此之義也　阮本無之字誤脱

如申申夭夭也　阮本如下衍似字誤

甚矣吾衰也章

注欲行其道　阮本末有也字

疏子曰甚矣至周公　阮本舉全文

志於道章

疏子曰至於藝　阮本舉全文

注志慕道而已　阮本舉全文

道者虚通無爲自然之謂也　阮本爲作擁誤

覆壽持載含容者也　周禮師氏注壽作燾此誤

中庸之爲德也　師氏注無也字此誤

一三一

注依倚至可倚　阮本舉全文

五射白矢參連剡注襄尺井儀也　保氏注五射上有鄭司農云四字

此脫

逐禽左也　保氏注無也字當據此補

自行束脩以上章

疏子曰至誨焉　阮本舉全文

故云其上以包之也　阮本其作以是此誤

不憤不啓章

注說則舉一隅以語之　史記孔子世家集解引鄭玄曰語作詔

疏子曰至復也　阮本舉全文

其人若不以三隅反思其類　阮本其上有而字

則不復重教之也　阮本也作矣

子食於有喪者之側章

注喪者哀戚　阮本戚作感

疏子食至飽也　阮本舉全文

以喪者哀戚　阮本戚作感

子於是日哭章

疏則終日不歌也　阮本日上有是字

子謂顔淵章

疏同有是行矣　阮本矣作夫是

舍人曰無兵空手搏之　見詩大叔于田疏

李巡曰無舟而渡水曰徒涉　見詩小旻疏

空涉水　自此下襲用詩小旻疏

富而可求也章

注若於道可求者　史記伯夷列傳集解引鄭玄曰求下有而得之三字

孔曰所好者古人之道　敦煌石室古寫本皆鄭注當作鄭曰或僞孔訛

鄭義

疏子曰富而至所好　阮本舉全文

子之所慎章

注孔曰云云　羣書治要作慎齋尊祖考慎戰重民命慎疾愛性命也與此

注異

疏左傳云　阮本云作曰

子在齊聞韶章

注故忽忘於肉味　史記孔子世家集解引周氏曰云云無忽字然文選成公子安嘯賦注引周生烈此注作聞韶樂之盛故忽忘肉味則李善所據集解本有之

疏注王曰至此齊　阮本至下有於字衍

韶樂存焉　禮樂志韶作招

夫子為衛君乎章

注鄭曰為猶助也云云　敦煌石室本作為猶助衛君者謂輒也靈公逐太子蒯聵至卒而立孫輒後晉趙鞅納蒯聵于戚衛石曼姑帥師圍之孔子時在衛故問其意助輒否乎也此經邢節改

故知不助衛君明矣　敦煌石室本此上有君子成人之美不成人惡十字亦經邢節去

飯疏食章

注鄭曰　據敦煌石室此非鄭注

加我數年章

注讀知命之書　阮本知作至

疏子曰至過矣　阮本舉全文

讀知命之書　阮本知作至

子所雅言章

疏子所至言也　阮本舉全文

葉公問孔子於子路章

注未知所以答　史記孔子世家集解引孔安國曰答亦作對是

疏據左傳世本文也　本禮緇衣疏彼疏作左傳云世本文云字誤

名諸梁　自此至為葉縣尹皆本禮緇衣釋文

我非生而知之者章

注言此者勸人學　據疏勸當作勉

疏子曰至者也　阮本舉全文

此章勉人學也　阮本勉作勸

子不語章

疏季充曰　自此至故不言也本史記孔子世家集解李誤季阮本不誤

三人行章

經三人行　羣書治要引三上有我字與唐石經皇本合是也見校勘記

疏子曰至改之　阮本舉全文

天生德於予章

一三九

一三

疏子曰至予何　阮本舉全文又下脱墨圍

此章言孔子無憂魋也　阮本魋作懼誤

可速矣　史記孔子世家可下有以字此脱

子以四教章

注可舉以教也　阮本無也字

疏子以至忠信　阮本舉全文

故可舉以教　阮本教下有也字

聖人吾不得而見之矣章

疏又言善人之君　阮本言作見誤

得見有恒德之君　阮本恒作常

子釣而不綱章

卷二　十五

注綱者為大綱　阮本下綱作網是也太平御覽資産部引此注云綱謂為

大宗横流屬鈎

疏子鈎至射宿　阮本舉全文

鈎者以繳繫竿而鈎取魚也　阮本繫下有一字衍

綱者為大綱羅屬著繳　阮本下綱作網繳作網

綱者為大綱　阮本下綱作網

舉綱則提其綱也　阮本綱網互誤

矰矢茀矢　自此至可以弋飛鳥皆襲用左哀七年傳疏惟邢據周禮夏官司弓矢矰高也下增茀矢象焉茀之言刜也二者皆十二字飛鳥下增刜羅之也四字阮本茀下脱矢字誤

繳以生絲為繩也　阮本以作謂

一一九

互鄉難與言章

疏故以此言語之　阮本脱此字誤

顧歡云　阮本歡作懽

仁遠乎哉章

注行之即是　羣書治要即作則

疏子曰至至矣　阮本舉全文

陳司敗章

注魯昭公也　阮本無也字

疏陳大夫為司敗之官　阮本敗作寇誤

是諱國惡禮也　阮本惡下有也諱國惡四字衍

故受之以為過　阮本脱之字誤

卷二　十六

三〇五

注司敗官名陳大夫　阮本下脫墨圍
文十一年左傳云　案一字衍阮本同
知司敗主刑之官　自傳言歸死於司敗至知陳楚同此名也皆襲用
左文十年傳疏惟邢增前傳字知司敗三字論語有改此云又增楚子
西亦云司敗七字耳
注孔曰至孟子　阮本下脫墨圍
娶妻不取同姓　阮本娶作取與曲禮合此誤
君娶於吳為同姓　自此至無其事也皆襲用春秋哀十二年經疏娶
彼疏作取
必書於策　阮本策作冊誤春秋疏亦作策
故經無其事也　春秋疏故下有今字無也字邢以意增刪

一八六

注孔曰至爲過　阮本下脱墨圍

案坊記云　自此至以爲世教也皆襲用左僖元年傳疏云彼疏作曰

務於欲揜之　左僖元年傳疏無於字此衍

杜預曰　左僖元年傳疏杜預作釋例邪改

皇侃云　阮本作我答云大誤浦鏜謂衍文亦非

人與人歌而善章

疏子與至和之　阮本舉全文

文莫吾猶人也章

疏子曰至有得　阮本舉全文

若聖與仁章

疏子曰至學也　阮本下脱墨圍

卷二　志

故咨於孔子曰　阮本咨作答誤

子疾病章

疏丘之禱久矣　阮本矣下有也字

奢則不孫章

疏子曰至甯固　阮本舉全文

君子坦蕩蕩章

疏子曰至戚戚　阮本舉全文

子温而厲章

疏子温至而安　阮本舉全文

泰伯第八凡二十一章　此亦本釋文

泰伯章

九五

注又生聖子文王昌　史記吳泰伯世家集解引王肅曰無文王二字

疏子曰至稱焉　阮本舉全文

周大王之長子　阮本大作太下同

季歷訃之　自鄭玄注云至故人無得而稱焉皆本後漢書桓榮丁鴻傳論注訃作赴古今字

皆隱蔽不著　後漢書注隱蔽作蔽隱此二句詩皇矣疏亦引之

注王曰至至德　阮本舉全文

周大王之長子者　阮本子下有云云二字為兼包下文此脫誤

以辟季歷　史記吳太伯世家辟作避

故夏墟　史記墟作虛

恭而無禮章

注君能厚於親屬　羣書治要引無君字

曾子有疾章

注故使弟子開衾而視之　阮本末有也字

曾子有疾孟敬子問之章

注人不敢欺誕之　阮本誕作詐與此與皇本同

疏注包曰至可用　阮本舉全文

周禮大官　案大誤當作天

可以託六尺之孤章

經君子人與君子人也

注重稱君子者乃可名為君子也　阮本此注全脫

疏鄭玄注此云　自此至故以六尺為十五也皆襲用周禮　官鄉大夫

一四七

疏鄭玄注此作論語可以託六尺之孤鄭注云蓋邢以意節

亦可寄託　周禮鄉大夫疏可下有以字

鄭知六尺年十五者　周禮鄉大夫疏鄭下有必字

士不可以不弘毅章

注以仁為己任　羣書治要以仁作仁以是也蓋注述經文當作仁以疏釋

注義則曰言士以仁為己任今本由疏而誤

疏言士以仁為己任　阮本無士字以仁作仁以誤

興於詩章

疏子曰至於樂　阮本舉全文

當先學起於詩也　阮本無學字以下文學禮學樂例之無者誤

民可使由之章

疏子曰至知之　阮本舉全文

好勇疾貧章

疏子曰至亂也　阮本舉全文

如有周公之才之美章

疏子曰至也已　阮本舉全文

不足可觀也　阮本無可字此衍

三年學章

疏子曰至得也　阮本舉全文

篤信好學章

疏而好樂問也　阮本樂作學

今欲去　阮本無去字誤

九九

不在其位章

疏子曰至其政　阮本舉全文

師摯之始章

注而首理其亂者　阮本無者字據疏當有

洋洋乎盈耳　阮本無乎字

聽之美也　阮本之作而也作之太平御覽樂部引同與疏合此誤

疏子曰至耳哉　阮本舉全文

洋洋乎盈耳　阮本無乎字

狂而不直章

疏子曰至之矣　阮本舉全文

質慤之人　阮本質作謹

學如不及章

經猶恐失之　羣書治要此下注作言此者勉人學也

疏故勸學汲汲如不及　阮本勸作勤此形近而誤

巍巍乎章

經而不與焉　羣書治要此下注作美其有成功能擇任賢臣

疏子曰至與焉　阮本舉全文

大哉堯之為君也章

注言其布德廣遠　羣書治要其布作布其

聖有臣五人而天下治章

注禹稷契臯陶伯益　太平御覽皇王部引此注禹稷上有五人者三字羣書治要引無惟未有也字

亂治也　太平御覽皇親部引治作理與皇本同蓋唐人避諱改

治官者十人謂周公旦召公奭太公望　太平御覽皇親部引無治官者

三字羣書治要引無旦奭望三字

比於周　羣書治要引於下有此字

多賢才　羣書治要引無才字

大才難得　羣書治要引大作人

疏言舜帝時　阮本舜帝作帝舜

其一婦人　阮本無婦字此衍

皐陶字庭堅　阮本庭作廷誤

舜命作虞宫　阮本宫作官是也此誤

周公名旦　自此至立為太師皆本史記世家而邢以意增改之

呂尙也　史記也作者
其先祖嘗爲四岳　史記岳作嶽
以漁釣奸周西伯　阮本漁作魚奸作好皆誤
西伯將獵　史記將下有出字
勑知切　阮本不偏誤
非虎非羆　阮本羆作熊誤
立爲太師　史記無太字
亦男子之美號　自此至則才又是其名字皆襲用詩大明疏惟邢於
美號下節去太誓注云一百二十三字耳
書傳云　自史記諸書至以唐侯升爲天子皆襲用書堯典疏惟云作
曰

一四四

世本云　自此至猶湯稱殷商也皆襲用書五子之歌疏

後盤庚遷殷　自韋昭云至所稱或單或複也皆襲用左襄二十四年傳疏惟後作后

蓋以二字為名　左襄二十四年傳疏蓋下有地字

則如舜氏曰有虞　自舜之為虞至常稱虞氏皆襲用書堯典疏惟如作此此誤

王肅云虞〻地也　書堯典疏地名下有名字此誤脫

又命文王典治南國江漢汝旁之諸侯　阮本旁作墳誤

殷之州牧　自殷之州長曰伯至使兼治江漢汝旁之諸侯皆襲用詩周南召南譜疏惟牧作伯

蓋亦八命　周南召南譜疏末有也字

一八〇

受圭瓚秬鬯之賜　阮本賜作錫
作東西太伯　阮本及詩周南召南譜疏太皆作大
明非太伯也　阮本及詩周南召南譜疏太皆作大
既以繼父為伯　詩周南召南譜疏以作已伯上有州字
使兼治南國江漢汝旁之諸侯　阮本旁作墳誤
鄭既引論語　自此至是為三分有其二也皆襲用詩周南召南譜疏
惟無鄭字邢增
禹吾無間然矣章
經子曰禹吾無間然矣　羣書治要引有注間非也三字
注致孝鬼神祭祀豐絜　羣書治要引孝下有乎字祭上有謂字絜作潔末
有也字

二二一

以盛祭服　太平御覽皇王部引服作祀又羣書治要引注作黻祭服之衣冕冠名也與今注異

溝廣深四尺　洫廣深八尺　太平御覽皇王部引廣深皆作深廣

疏子曰至然矣　阮本下脫墨圍

豐名潔淨也　阮本淨作靜

鄭玄此注云　自此至當是布冕也皆襲用左宣十六年傳疏惟鄭玄下加此注二字黻下加是字冕其冠也下加左傳晉以黻冕命士會十字此亦云作左傳周禮司服下加王之服至則玄冕五十七字皆邢所增改彼疏左傳此疏論語自當如是也

其他服謂之韠　阮本無服字誤左宣十六年傳疏有

各從其裳色　阮本及左宣十六年傳疏皆無其字

卷二　二十三

三一二

韍其色皆赤　左宣十六年傳疏韍下有則字
王之服　據周禮司服之下脫吉字
廣尺深尺謂之甽　阮本甽作畎是也此誤
成中為一甸　阮本為作容是也此誤
方百里為同　據考工記鄭注百當作八

景刊元貞本論語注疏解經攷證卷二終

九一　卷二共[redacted]廿三頁計字〤〡〩〤奇

景刊元貞本論語注疏解經攷證卷三

吳縣原籍秀水王大隆撰

子罕第九凡三十章　釋文云凡三十一章皇三十章此云凡三十章蓋邢從皇侃本

子罕言利章

疏易乾卦文言文也　阮本脫易字誤

達巷黨人曰章

注吾執御者　阮本脫者字

疏復謙損云　阮本損作指形近而誤

麻冕章

注古者績麻三十升布以為之　後漢書陳元傳注引無者字布字業詩箋

章疏引論語注云績麻三十升以爲冕是孔同鄭義可知必無帝字也
疏此章記孔子從恭儉也　阮本無末也字誤
子曰麻冕禮也今也純儉　阮本脱此十字浦鏜以意校增八字而仍
脱子曰二字
是驕泰也　阮本是作長誤
頍項青組纓屬于頍　案士冠禮頍作缺此作頍從鄭讀
加命書於其上　阮本加作如誤自覲禮至升成拜皆襲用左僖九年
傳疏惟於作于
太史氏左　阮本左作右覲禮原文氏左作是右左僖九年傳疏作氏
右
子畏於匡章

一七〇

注夫子弟子顏剋　阮本剋作尅下同

此自比其身　阮本比作謂

疏顏剋為僕　史記孔子世家剋作刻

昔日吾入此　史記孔子世家無日字

孔子狀貌類陽虎　史記孔子世家無貌字

太宰問於子貢曰章

注又使多能也已　阮本無已字

疏鄭云是吳太宰嚭也　案本釋文

牢曰子云章

疏但以前章異時而語　阮本以作與此誤

家語弟子篇云　自此至一字張皆本釋文唯弟子篇云作有無衛人

也三字張上有子字案左昭二十年傳疏云家語七十子篇云琴牢衛人字子開一字張則以字配姓爲琴張即牢曰子云是也邢蓋襲用左傳疏

吾有知乎哉章

疏無知也　阮本知作之此誤

猶言意之所知也　阮本言上有意字衍

他人之知者　阮本知作短誤

鳳鳥不至章

疏子曰至矣夫　阮本舉全文

此章言孔子傷時無明主也　阮本無作无

今天無此瑞　阮本無作无

一四一

燕頷雞喙　阮本頷作含誤自天老曰至見則天下大安寧皆襲用詩卷阿疏引說文語攷與今本不同惟詩疏脫雞字天老云云本韓詩外傳卷八

莫宿丹穴　詩卷阿疏莫作暮丹作風

龜龍啣負而去　自鄭玄以爲至卽八卦是也皆襲用春秋序疏惟啣作銜與阮本同此誤

子見齊衰者章

疏與瞽者者　阮本無末者字誤

顏淵喟然歎曰章

注言恍惚不可爲形象　史記孔子世家集解引何晏曰作忽恍

有次序　史記孔子世家集解引有上有學字此脫當補阮本次作所誤

子疾病章

疏人盡如之　阮本盡作蓋形近而誤

有美玉於斯章

注不衒賣之辭我居而待賈　太平御覽珍寶部引此注作當有自衒賣之道我居而待價者於義為長

疏故託事以諮問也　阮本事作玉

諸之也　阮本無也字誤

子欲居九夷章

疏子欲至之有　阮本下脱墨圍

六曰素家　自又一日至九日天鄙皆襲用禮王制疏引東夷傳九種一曰玄菟云云故邢引後漢書東夷傳後以又字承之惟素作索阮本

同此誤

吾自衛反魯章

注孔子來還乃正之　史記儒林列傳集解引鄭玄云作孔子還脩正之然後漢書范升傳注云孔子以魯哀公十一年自衛還魯是時道衰樂廢孔子來還乃正之故雅頌各得其所見史記知唐本史記集解與邢所據論語集解同也

疏子曰至其所　阮本舉全文

杜注云　案杜注本服詩譜疏引襄二十九年左傳服虔注云哀公十一年孔子自衛反魯然後樂正雅頌各得其所

出則事公卿章

疏子曰至我哉　阮本舉全文

子在川上曰章

疏子在至晝夜　阮本舉全文

吾未見好德如好色者也章

疏子曰至者也　阮本舉全文

譬如爲山章

注注此勸人進於道德　羣書治要引無進字末有也字

疏子曰譬如爲山　阮本無子曰二字誤脱

垂成而其　阮本其作止此誤

子謂顏淵曰章

疏子謂至止也　阮本舉全文

苗而不秀者章

一一四

疏子曰至矣夫　阮本舉全文

主忠信章

疏子曰至憚改　阮本舉全文

三軍可奪帥也章

疏子曰至志也　阮本舉全文

衣敝緼袍章

注緼枲著　後漢書崔寔傳注引孔安國論語注曰緼枲也

疏其唯仲由乎　阮本其唯作唯其誤

歲寒章

注然後知松柏不凋傷　史記伯夷列傳集解引何晏曰不作少以疏小凋傷證之作少爲是阮本作小又因疏而誤

而後别之　史記伯夷列傳集解引而作然
知者不惑章
疏子曰至不懼　阮本舉全文
可與共學章
疏故未可與立　阮本立作也此誤
言其華偏然　阮本無言字此衍
亦名車下李　阮本名作曰
鄉黨第十凡一章分為二十二節　釋文但云凡一章此分為二十二節殆邢所定
孔子於鄉黨節
注便便辯也　太平御覽人事部引作鄭玄曰便便辯貌似也字本作貌今
敦煌石室本所出鄭注本正作貌而無下五字

一五四

君召使擯節

注君召使擯者有賓客使迎之　敦煌石室本無者字使下有之字
擯左人左其手擯右人右其手一俛一仰衣前後襜如也　敦煌石室本
作揖右人右其手揖左人左其手將揖必磬折磬折則衣前垂小仰則衣
後垂故曰襜如也此必邢節改　又節揖所與立人偶同位也九字
復命曰君賓已去矣　敦煌石室本作賓退禮畢出復命白君曰賓已去
此亦邢節改阮本曰亦作白此誤

疏如鳥之張翼也　阮本如作爲誤

賓不顧矣者　阮本脱者字誤

子男則擯者三人　阮本三作二誤自諸侯自相爲擯之禮至明冬遇
依秋也皆襲用禮曲禮疏

所以不隨命數者　禮曲禮疏脱數字誤

其侯伯立當前疾胡下　禮曲禮疏下下有此字衍

而九介立在君之北　禮曲禮疏君作公

中閒傍相去三丈六尺　阮本閒作間禮曲禮疏同此誤

則主君就擯求辭　禮曲禮疏擯作賓此誤

不敢自許人來詣也　阮本來作求誤

上擯以至次擯　禮曲禮疏上擯下有傳字此誤脱阮本亦脱

君諸侯使卿大夫相聘　阮本君作若此誤

侯伯之使　禮曲禮疏脱之字

子男之使　禮曲禮疏脱之字

注鄭曰復命曰君　阮本曰作白此誤

一七五

賓不顧　阮本顧作復誤
反告賓不顧矣　聘禮注無矣字
入公門節
疏謂棖闑之中央君門中央有闑　棖闑之中　阮本闑皆作闌此誤不
成字
為內外之限約也　自釋宮云至此皆襲用左傳二十三年傳疏推此
句上有謂門下橫木句限下無約字為邢所節
執圭節
注鄭曰上如揖授玉宜敬下如授不敢忘禮戰免敬也足蹜蹜如有循舉前
曳踵行　阮本免作色此形近而誤敦煌石室本此注作上如揖授玉宜
敬也下如授不敢忘禮也勃如戰色恐辱君命足蹜蹜如有循舉前曳踵

二二一

圈豚而行此有脱誤或邢所節

鄭曰享獻也聘禮既聘而享用圭璧有庭實　敦煌石室本此注作享獻

聘禮既聘而享享用珪璧有庭實皮馬相間也此有脱誤或邢所節

鄭曰覿見也既享乃以私禮見愉愉顔色和　敦煌石室本此注作覿見

也既享以私禮見用束帛乘馬而無愉愉顔色和五字

疏蓋琢為穀稼及蒲葦之文　自大宗伯云至以覿聘是也皆襲用禮曲

禮疏惟蓋琢作言以此誤

知者聘禮記文　禮曲禮疏者下有是字此脱

外有王　阮本王作肉此誤

其玉大小各如其命數　禮曲禮疏大小作小大

以琮享夫人　禮曲禮疏夫人下有知者聘禮璧以享君琮以享夫人

十三字此誤脫當補
瑑圭璋六寸　阮本六作八禮曲禮疏同與玉人合此誤
踵謂足後跟也　自此至蹜蹜如也皆襲用禮玉藻疏
釋詁文　阮本文下有也字衍
大享　阮本享作饗自覲禮至所言出於彼也皆襲用左莊二十二年
傳疏享亦作饗
與衆共財也　左莊二十二年傳疏衆作獻誤
循德也　阮本循作往左莊二十二年傳疏循亦作往此誤
賓湯　阮本湯作裼此形近而誤
台六幣　阮本台作合此形近而誤
禮器曰圭璋特是也　案小行人注是也作義亦通於此覲禮疏引同

君子不以紺緅飾節

注在家以接賓客　敦煌石室本以作所

孔曰吉月月朔也朝服皮弁服　敦煌石室本皆鄭注當作鄭曰或偽孔襲鄭義

疏加上表衣　阮本上作尚

凡祭服　自此至葛上加朝服皆襲用禮玉藻疏玉藻疏作皇氏又云凡六服及爵弁無裘先加明衣云云邢加祭服二字如所用非皇侃論語疏乃禮疏也

謂在家接賓客之表也　阮本也作者誤

再染謂之窺　阮本窺作竀此誤

練練衣　阮本練作練此誤

一五九

玄則緇色之小別　自玉藻云至又與玄冠相配皆襲用詩檜羔裘疏惟則作即

此說孔子之服　詩檜羔裘疏此作論語邢改

下文又曰　詩檜羔裘疏下文作論語亦邢所改

又引此云　自卿大夫士亦皆然至託者亂言絞耳皆襲用禮玉藻疏惟改論語為此耳

人君以歲事成熟　自此至則有黃衣狐裘也皆襲用檜羔裘疏惟熟作孰

又蠟祭先祖五祀　阮本蠟作臘詩檜羔裘疏同此誤

合祭萬物而索享之也　阮本享作饗詩檜羔裘疏同

素服以送終　詩檜羔裘疏末有也字與郊特牲合此誤脫

此說孔子之服　詩羔裘疏此作論語係邢所改

齊必變食節

注不時非朝夕日中時　敦煌石室本時作也

歸則班賜　太平御覽飲食部引則作即以

自其家祭肉過三日不食是褻鬼神之餘　敦煌石室本肉下有也字太平御覽飲食部引是作之屬上句讀誤

疏以齊者孔子所慎　阮本以作亦誤

說文云　自此至飯傷濕也皆用爾雅釋器釋文

席不正節

疏席不正至出矣　阮本舉全文

孔子則從而後出也　阮本脱也字

一五九

鄉人儺節

疏鄉人至阼階　阮本舉全文

鬼神依人庶其依己而安也　自孔子朝服至故用祭服以依神也皆襲用禮郊特牲疏惟鬼神依人疏作存安廟室之神庶其作使神耳

問人於他邦節

疏問人至送之　阮本舉全文

注孔曰　敦煌石室本皆鄭注疑鄭曰之誤

所以示其敬者也　阮本無其字者字

康子饋藥節

疏康子至敢嘗　阮本舉全文

廐焚節

疏廄焚至問馬　阮本舉全文

君賜食節

注孔曰敬君惠也既嘗之乃以班賜　敦煌石室本皆鄭注疑鄭曰之誤無之字此衍

於君祭則先飯矣　敦煌石室本無矣字此衍

疏故得食而種種出少詐　自君子不忘本者至若敵客則得先自祭皆襲用禮曲禮疏惟詐作許阮本同此誤

若敵客則得先自祭降等之客則後祭　禮曲禮疏無先字及降等之客則後祭句邪以意增

此言吾祭先飯　阮本吾作君此誤

疾君視之節

疏疾君至拖紳　阮本舉全文

君命召節

注急趨君命　敦煌石室本命下有也字

朋友死節

注孔曰重朋友之恩無所歸言無親昵　敦煌石室本皆鄭注疑鄭曰之誤或僞孔襲鄭義惟恩下有也字無言字太平御覽禮儀部引同惟歸作殯誤昵作後似勝末有也字

疏朋友至我殯　阮本舉全文

朋友之饋節

注孔曰不拜者有通財之義　敦煌石室本皆鄭注疑鄭曰之誤或僞孔襲鄭義石室本作車馬雖重猶不拜朋友有通財之義故不拜之此疑邢所

删節

疏朋友至不拜　阮本舉全文

若非祭肉　阮本無若字

寢不尸節

注布展手足似死人　太平御覽人事部引死人作尸像

孔曰為室家之敬難久　敦煌石室本皆鄭注疑鄭曰之誤或僞孔襲鄭

義又石室本敬作容

見齊衰者節

注風疾雷為烈　敦煌石室本風上有爾雅曰三字疑邢所節去

疏式負販者者　阮本脱下者字誤

已必改容而作　阮本作作起

一三五

一七五

宋華弱與樂轡少相狎　阮本轡輿

曲禮云　自此至之名也皆襲用左襄六年傳疏

版是戶籍圖地圖也　阮本脫地圖二字誤

升車必正立節

注前視不過衡軛　釋文出枙字云本今作軛

疏升車至親指　阮本下脫墨圍

綏執挽以上車之索也　阮本執作者此誤

以車既高　阮本車下有中字衍

前視不過衡軛之前　阮本視下有則字以下文證之是也此脫

注包曰至輢轂　阮本舉全文

案車輪一周為規　自此至得視前十六步半也皆襲用禮曲禮疏惟

卷三　十三

三〇七

規上有一字　阮本同此誤脱

五規為九十九尺　禮曲禮疏五作三誤

則在車上得視前十六步半也　禮曲禮疏則字在前字上得作所也

作地皆誤

色斯舉矣節

注周曰　敦煌石室本皆鄭注疑鄭曰之誤

疏曰山至而作　阮本舉全文

先進第十一　凡二十四章　釋文作凡二十三章

先進於禮樂章

疏周衰則禮樂壞　阮本壞作衰誤

從我於鄭蔡者章

一三二

疏子曰至門也　阮本舉全文

德行章

疏德行至子夏　阮本舉全文

鄭氏以合前章皇氏別爲一章　皆本釋文推鄭氏作鄭云皇下無氏字

同也非助我者也章

注無所發起增益於己　阮本無所字

疏子曰至不悦　阮本舉全文

孝哉閔子騫章

疏子曰至之言　阮本舉全文

南容三復白圭章

卷三　十三

注三反覆之是其心慎言也　史記仲尼弟子列傳集解引孔安國曰無覆
字心下有敬字慎字有於字無也字
疏南容至妻之　阮本舉全文
尚可磨鑢而平　阮本鑢作鑪此誤
猶尚可更磨鑢而平　自言教令尤須謹慎至故特宜慎之皆襲用詩
抑疏惟鑢作鑪阮本同此誤
季康子問弟子章
疏季康至則亡　阮本舉全文
顏淵死章
疏顏淵至行也　阮本淵下有死字行上有徒字
此并下三章　阮本脱下字誤

一五四

顏淵死子曰噫章

疏顏淵至喪予　阮本舉全文

顏淵死子哭之慟章

疏慟哀過也　阮本哀過作過哀

非不也　阮本不作失此誤

季路問事鬼神章

注陳曰鬼神及死事難明語之無益故不答　世説簡傲篇注引作馬融注疑馬曰之誤惟彼注無鬼神及三字則因世説但云未知生二語而節之也

疏子路問承事鬼神　阮本脱鬼字誤

閔子侍側章

注剛强之貌　阮本貌作皃下疏同古今字
疏任其真性也　阮本真作直形近而誤
由之瑟章
疏外堂次之　阮本外作升此形近而誤
柴也愚章
注夫於畔喭　史記弟子列傳集解引鄭玄曰畔作吸正義吸作畔
疏賜不受教命　阮本脱教字誤
左傳亦作子羔　自此至三字不同皆本釋文惟無亦字邢以前引史
記弟子傳故增
今本吸作畔　亦本釋文惟作本今作畔無吸字
子張問善人之道章

一四九

注然亦不能入於聖人之奧室　阮本脱能字誤

疏迹已行舊事也　阮本也作之誤

所行並美　阮本行作以誤

子畏於匡章

注已無所敢死　史記孔子世家集解引包曰敢作致與疏致死合此形近

而誤又死下有也字

季子然問仲由冉求章

經可謂大臣與　釋文出恴字云古文臣字本今作臣

注言備臣數而已　太平御覽治道部引臣作官

言二子雖從其主　阮本主作王誤

子路使子羔為費宰章

注所以爲賊害　史記仲尼弟子列傳集解引包氏曰爲賊害作賊害人與皇本合

疏秖爲口才捷給　阮本秖作祇此誤

子路曾晳章

注殷覜曰同　阮本殷覜作衆覜誤

鏗者投瑟之聲　釋文出鏗爾云投瑟聲本今作瑟聲

衣單祫之時　阮本祫作袷此形近而誤

浴乎沂水之上　史記仲尼弟子列傳集解引包氏曰乎作於

而歸夫子之門　史記仲尼弟子列傳集解引包氏曰歸下有於字

疏子路曾晳至之大　阮本作子路至篇末

穀不熟爲饑　阮本饑作飢誤

一七三

復因之以饑饉　阮本饑作飢誤

如五六十里　阮本脫六字誤

以相君之禮焉　阮本脫以相二字誤

此曾晳所志也　阮本晳作點

衣單袷之時也　阮本袷作祫此形近而誤

唯求則非邦也與　阮本求下有也字衍

曾蒧音點　阮本蒧作蔵

此作殷覸覸則見也　阮本覸皆作瞯誤

如不巡守　阮本如作始誤

則大服盡朝　阮本大作六此形近而誤

若以案爲裳即是朝服　自王制云至不得名爲朝服也皆襲用禮玉

蕖疏推案作索即作則阮本同此誤
上介拂振　阮本上作士此誤
杜預曰魯城南自有沂水　見左昭二十五年傳注
夫沂水出蓋縣南　左昭二十五年傳注夫作大又襄十九年傳注沂
水出東莞蓋縣此脫東莞二字
杜預曰雩之言遠也遠為百穀祈膏雨也　左桓五年傳注遠為百穀
祈膏雨疏云賈服以雩為遠故杜從之案此則當為賈服義

顏淵第十二凡二十四章　此亦本釋文
疏此篇論二政明達　阮本二作仁此誤
顏淵問仁章
疏此顏淵領謝師言也　阮本領作預誤

一八一

劉炫云　自此至反復於禮也皆襲用左昭十二年傳疏案東京大學博士劉炫撰春秋左氏傳述義四十卷見隋書經籍志孔沖遠春秋左傳正義序所謂劉炫於數君之内實爲翹楚此諸義疏猶有可觀今奉勅刪定者故有今刊定云云邢昺用之誤矣以炫撰論語述義十卷亦見隋志恐後人誤以此爲述義文也

身有嗜欲　左昭十二年傳疏無身字誤當據此補

嗜欲與禮義戰　左昭十二年傳疏戰上有交字此脱

謂能勝去嗜欲　左昭十二年傳疏謂下有身字此脱

仲弓問仁章

注爲仁之道　羣書治要引無爲字

疏此言仁者在恕也　阮本在作必此誤

勿施之於人　阮本勿作無

司馬牛問仁章

注孔曰　阮本孔作子誤

疏司馬至訒乎　阮本馬下有牛問仁三字誤

注孔曰至馬犂　阮本孔下有子字衍

司馬牛憂曰章

注死亡無日　太平御覽宗親部引亡作喪

我為無兄弟也　皇疏本我下有獨字案太平御覽宗親部引論語即集解本此注無獨字

皆可以禮親　太平御覽宗親部引無可字親下有也字

疏言人死生長短則有所稟之命　阮本脫長短則三字誤

一五五

子張問明章

注漸以成之　羣書治要漸以作以漸

膚受之愬　羣書治要無之愬二字

人莫能及　羣書治要能作之及下有也字

疏漸以懷物　阮本懷作壞此誤

子貢問政章

疏正義曰　阮本上脫墨圍

棘成子曰章

注虎豹與犬羊別者　阮本無者字誤見校勘記

疏意疾時多文華　阮本華作章

哀公問於有若章

疏故曰君誰與不足也　阮本誰作孰

古者什一而籍　自公羊傳曰至用殷之助法也皆襲用春秋宣十五年經疏惟無者字

夏治民五十而貢　春秋宣十五年經疏治民作后氏阮本同此誤

雖異名而多少同　阮本而作二誤

書傳云什一者多矣　春秋宣十五年經疏云作言

故杜預云　春秋宣十五年經疏無預字云作言此邢增

古者公田之注　春秋宣十五年經疏注作法阮本同此形近而誤

春秋魯宣公十五年初稅畝　春秋宣十五年經疏無此十一字邢增

更復十取其一　春秋宣十五年經疏取作收阮本同

故此哀公曰　春秋宣十五年經疏此作論語云邢改

二一六

則從宣公之後　春秋宣十五年經疏宣公作此邢改
自宣公始也　春秋宣十五年經疏無宣公而作此亦邢改
諸書皆言十一而稅　春秋宣十五年經疏無而稅二字
所供多　春秋宣十五年經疏供作共古今字
故此鄭玄云　春秋宣十五年經疏無此字邢增
以十一為王　春秋宣十五年經疏王作正阮本同此誤
杜預直云　春秋宣十五年經疏預作今此邢改
善古者人少田多　春秋宣十五年經疏善作蓋阮本同此形近而誤
好惡取於此　春秋宣十五年經疏無取字
用殷之助法也　春秋宣十五年經疏無也字
子張問崇德辯惑章

注包曰辯别也　阮本包作孔
見義則徙意而從之　羣書治要無而字
此詩小雅文　阮本文作也誤
以非之也　阮本脱也字
疏袪别疑惑　阮本袪作祛誤
覉當袪之　阮本袪作祛誤
女亦適以自異於人　阮本以下有此字此誤
齊景公問政於孔子章
注陳恒制齊　阮本恒作桓
父不父子不子故以對　史記孔子世家集解引孔安國云無父不父子
不子六字以下有此字對下有也字

一四四

疏齊景公至食諸　阮本無公字

陳恒為齊大夫　阮本恒作桓

成子生襄子磐〻生莊子白　史記田敬仲世家磐皆作盤阮本同

敬仲之如齊　阮本如作知誤

以陳字為田氏　阮本字作子北監本亦作字浦鏜謂氏誤字

片言章

疏大司寇職云　阮本職作聽誤

聽訟章

疏子曰至訟乎　阮本舉全文

物〻有其分　易訟象注下有起契之過四字當補

職不相濫　易訟象注濫作監

是夫子辭　自然則至是記者釋夫子無訟之事皆襲用禮大學疏惟

夫子下有之字此脫誤

子張問政章

注無得懈倦　阮本懈作解

疏子張至以忠　阮本舉全文

無懈倦　阮本懈作解

博學於文章

疏子曰至矣夫　阮本至下有弗畔二字衍

君子成人之美章

疏子曰至反是　阮本舉全文

反復仁恕　阮本反作又此誤

一一九

季康子問政於孔子章

注魯上卿　上字疑正字之訛孔子正也之說即因其正卿言之

季康子患盜章

注欲多情欲　釋文出情慾云本今作慾阮本同史記孔子世家集解引孔安國曰亦作慾惟無多字末有也字

不從其令　史記孔子世家集解引令上有所字蓋從緇衣不從其所令從其所行語意群書治要無所字疑即據注疏本去之

疏欲以除去也　阮本除作謀

則民亦不為盜　阮本為作竊

注孔曰至所好　阮本孔下衍一孔字誤

不能止也　阮本止作正此誤

卷三　二十一

季康子問政於孔子章

注孔曰亦欲令康子先自正偃仆也加草以風無不仆者猶民之化於上　太平御覽人事部引此注云欲使季康子先自正也偃仆也草加之以風無不仆者猶民之下化羣書治要與此同惟正下有也字

子張問士章

注其念慮常欲以下人　史記仲尼弟子列傳集解引馬融曰以下人作下於人

疏質正也　阮本無此三字誤

卑者有謙　自言學者至而不可踰越皆襲用易謙彖疏今阮刻十行本脫者有二字當據此補

樊遲從遊於舞雩之下章

一七九

疏樊遲從遊於舞雩之下者舞雩之處　阮本脫之下者舞雩五字誤

辱其身則陷其親　陷阮本陷作羞

樊遲問仁章

注廢置邪枉之人　羣書治要無置字

則不仁者遠矣　羣書治要無矣字

疏樊遲雖聞舉直錯枉之語　阮本聞作問語

猶自未曉　阮本曉作喻

是其能使邪枉者　阮本是作長誤

子貢問友章

疏子貢至辱焉　阮本舉全文

君子以文會友章

注友相切磋之道　釋文出有相切磋云七何反知友當作有

疏此章亦論友　阮本亦作以誤

景刊元貞本論語注疏解經攷證卷三終

五一　卷三共廿六頁計字七千〇〇八

景刊元貞本論語注疏解經攷證卷四

吳縣原籍秀水王大隆撰

子路第十三凡三十章　此亦本釋文

疏行政　阮本行作仁

子路問政章

注使民信之　羣書治要民作人避諱改

易曰說以使民　易兌彖使作先

行此上事　史記仲尼弟子列傳集解引孔安國曰上事作二事案皇疏云但行先之勞之二事似上者二之誤

疏言爲政者　阮本政上有德字因下文而衍

注易曰說以使民　易兌彖使亦當作先

仲弓為季氏宰章

注人將自舉之各舉其所知　阮本脱之各舉三字誤皇本亦有

疏言賢才難可徧知　阮本徧作偏誤

安知其賢才而得舉用之也　阮本無其字

衛君待子而為政章

注野猶不達　史記孔子世家集解引孔安國曰無猶字

疏子路至已矣　阮本已上有而字

衛君待子而為政　阮本政作正誤

遠於事也　阮本事作士誤

禮樂不興行則有淫行濫罰　阮本脱興字誤

刑罰淫濫　阮本淫作枉

一五二

風俗移易　自言禮所以至困樂而彰皆依孝經唐玄宗注阮本俗移作移俗

政不正則君位危　案禮運政上有故字此誤脱

云所言之事　阮本事作士誤

可行不可言作凡人法　自熊氏云至此皆襲用禮緇衣疏惟不可言作凡人法七字作此事但不可言説為凡人作法十二字耳

樊遲請學稼章

注樹菜蔬曰圃　阮本蔬作蔬誤

言民化於上　羣書治要無於字

疏請於夫子　阮本請作謂誤

學樹蓻菜蔬之法　阮本蓻作蓺此誤下同

則民莫敢不用其情　阮本脱敢字誤

名以實應也　阮本名作各此誤

園圃蔬草木　阮本蔬作毓此誤

然則園者　自此至則謂之圃皆襲用詩豳七月疏

釋云云　阮本云作文皆誤當作天

織縷為之　自博物志云至末皆依釋文阮本脱為字誤

廣八寸　阮本寸作尺誤

誦詩三百章

疏子曰至以為　阮本舉全文

皆賦諸以見意　阮本諸作詩此誤

其身正章

一三三

疏子曰至不從　阮本舉全文

子謂衛公子荊章

疏按左傳襄二十九年　阮本脫二字誤

遂適衛　案左傳無遂字

子適衛章

注言衛人衆多　羣書治要人作民無衆字多下有也字

苟有用我者章

注期月而可以行其政教　史記孔子世家集解引孔安國曰月作年

必三年乃有成功　史記孔子世家集解引功作也

疏子曰至有成　阮本舉全文

善人爲邦百年章

注殘暴之人　史記孝文本紀論集解引王肅曰勝殘暴之人以疏證之當
脫勝字羣書治要正作勝殘勝殘暴之人可證
疏子曰至言也　阮本舉全文
如有王者章
疏子曰至後仁　阮本舉全文
苟正其身矣章
疏子曰至人何　阮本舉全文
冉子退朝章
疏皆論在朝之事　阮本在作若誤校勘記謂若當作君亦非
鄭玄以冉有臣於季氏故以朝爲季氏之朝　案詩鄭風緇衣疏引論
語冉子退朝注云朝於季氏之私朝知此爲邢中鄭義非鄭注原文

一七〇

還私遠君稱退　阮本稱作爲以上文以近君爲進例之爲亦不誤浦鏜謂故稱退誤爲退朝恐非

故此退朝　阮本故作朝誤浦鏜誤屬上句亦非

時冉子仕於季氏　自此至在臣爲事也皆襲用左昭二十五年傳疏

何晏以爲　阮本以作曰誤

定公問一言而可以興邦章

注一言不能正興國　羣書治要無正字國下有也字

有近一言可以興國　羣書治要無可以二字

事不可以一言而成如知此則可近也　羣書治要無以字也作之

則近一言而喪國　羣書治要國下有也字

葉公問政章

經葉公問政　釋文出菜公云本今作葉

注則大事不成　羣書治要成下有矣字

何如斯可謂之士矣章

注斗二外　阮本外作升此形近而誤

疏其行何如　阮本何如作如何

次於此二者　阮本於此作此於誤

不得中行而與之章

注行能得其中者　太平御覽疾病部引無其字

疏狷者有所不爲也者　阮本脱也字誤

南人有言曰章

注言巫醫不能治無恒之人　羣書治要恒作常案疏亦作常是也今阮本

疏皆作恒疑所據鄭注作恒一而誤

疏上不全尊下不全卑　易恒九三注全皆作至

君子和而不同章

注然其所見名異　阮本名作各此誤

疏子曰至不和　阮本舉全文

然其所見名異　阮本名作各此誤

鄉人皆好之章

疏故爲衆所疾　阮本疾作嫉

是亦未可　阮本亦作以誤

此眞善人也　阮本脫此字誤

君子泰而不驕章

疏子曰至不泰　阮本舉全文

何如斯可謂之士矣章

注相切責之貌　太平御覽宗親部引論語此文馬融曰云云無相字

疏此章明士行也　阮本明作問誤

善人教民七年章

疏子曰至戎矣　阮本舉全文

以不教民戰章

注必破歇是謂棄之　阮本歇作敗此誤羣書治要謂作爲誤

疏子曰至棄之　阮本舉全文

憲問第十四凡四十四章　此本亦釋文

士而懷居章

一三七

疏正義曰　阮本上脫墨圍

有德者必有言章

疏此章論有德有仁者之言也　阮本論作言

南宮适章

注羿有窮國之君篡夏后相之位　史記仲尼弟子列傳集解引孔安國曰無國字之位二字

賤不義而貴有德　史記仲尼弟子列傳集解引孔安國曰無有字

疏羿及後世　阮本後作后

正義曰此即南宮縚也　阮本上脫墨圍

帝嚳射官也　自說文云至則不知此羿名爲何也皆襲用書五子之歌疏惟嚳作嚳下同此誤阮本不誤

故帝嚳賜羿弓矢　書五子之歌疏無嚳字

歸藏易云　書五子之歌疏易下有亦字此誤脫

難以取信　書五子之歌疏脫難字誤

則不知此羿名為何也　書五子之歌疏無此字

惎澆能戒之　阮本惎作其心二字誤

當是羿逐出后相　自此至是為馬遷之疎也皆襲用左襄四年傳疏

惟羿字屬下句當是邢說

乃自立為天子　左襄四年傳疏無為天子三字

是為馬遷之疎也　左襄四年傳疏無為字阮本同疑由馬形近而衍

遷下左疏有說字此及阮本皆脫

武王誅紂　阮本紂作討誤

書一八三

愛之能勿勞乎章

疏子曰至誨乎　阮本舉全文

為命章

疏正義曰此章述鄭國大夫之善也　阮本上脫墨圖述作迹誤

此下注皆出於彼　阮本此下有及字彼作此

公孫揮知四國之為而辨於大夫之族姓班位貴賤能否　左襄三十一年傳揮下有能字於下有其字此脫

子產問四國之為於子羽　左襄三十一年傳產下有乃字此脫

掌諸侯朝覲宗廟會同之禮儀　據秋官大行人小行人職廟當作遇此誤

及時聘問之事　阮本上問作聞是也此誤

或問子產章

疏言子產仁恩彼物　阮本彼作被此誤

伯氏齊大夫　阮本齊作鄭誤

凡三百家　阮本凡作邑屬上讀

注馬曰至子西　阮本馬作為誤

貧而無怨難章

疏子曰至驕易　阮本舉全文

顏原無怨　阮本原作淵此誤

孟公綽章

疏子曰至大夫　阮本舉全文

子路問成人章

一〇四

注平生猶少時　文選陸士衡歎逝賦注引孔安國曰無猶字末有也字

疏見利則思合義　阮本利則作財利皆形近而誤

見君親有危以　阮本以作難是也此誤

齊侯將爲臧紇田　左襄二十一年傳日作田阮本同此誤

謂能避齊禍　左傳杜注避作辟古今字

子問公叔文子於公明賈章

注公孫拔文謚　阮本拔作枝誤羣書治要無此五字

疏此章言衞大夫公孫拔之德行也　阮本拔作枝誤

可樂然後笑　阮本然作而通

公孫拔文謚　阮本拔作枝誤

當生文子拔拔生朱　自世本云至末皆襲用禮檀弓疏阮本拔皆作

校誤

臧武仲以防章

注紇非敢害也　左傳敢作能阮本同此誤

疏子曰至信也　阮本舉全文

遂自為也　阮本自作立此誤

云紇非敢害也　據左傳敢當作能阮本亦誤

晉文公譎而不正章

疏子曰至人矣　阮本舉全文

是譎而不正也　阮本譎作詐

是正而不譎也　阮本譎作詐

欲大合諸侯之師　自晉侯本意至以譏王然皆襲用左僖二十八傳

一三〇

疏惟欲上有止字此脱

將數十萬衆　阮本十作千誤

如有篡奪之謀　阮本謀作説誤

因加諷諭　阮本諷作謂誤

故令假稱出狩　左僖二十八年傳疏此下有若言王自出狩六字此脱

天王狩于河陽　阮本狩下有獵字因下文而衍

注馬曰至譎也　阮本上脱墨圍

責包茅之貢不入　阮本包作苞下同

不虞君之涉吾地　據左傳四年傳地下有也字此脱

王祭不共　阮本王作主誤

東而灌之以酒　據左傳杜注東下有茅字此及阮本皆脱

南巡狩入漢　杜注狩作守

杜預用鄭興之説　自禹貢至不如本出何書皆襲用左僖四年傳疏

惟無預字用下有彼字邢所增節

沈氏云　沈氏乃沈文阿孔沖遠春秋正義序云其為義疏者則有沈

文阿釋文云梁東宮學士沈文何撰春秋義疏是也故疏中但云沈氏

邢襲用之而不加其名謬矣

以膠膠舡　左僖四年傳疏舡作船

桓公殺公子糾章

注弒襄公　阮本弒作殺見校勘記

疏衣裳之會十有一　自史記至不取北杏及陽穀為九也皆依釋文惟

一九五

無有字
十三年會北杏　釋文下有又會柯三字
僖元年會檉　阮本檉作桯與釋文合此誤
三年會貫　阮本三作二與釋文合此誤
九年會葵丘　釋文無此五字是九合諸侯數柯而不數葵丘也
不取北杏及陽穀為九也　釋文不上有鄭字此脫
小白傅　阮本傅作傳誤
及堂阜而稅之　阮本稅作脫誤
管仲非仁者與章
注亦不言召忽不當死也　阮本脫也字
疏一正天下也　阮本正作匡誤
卷四　十

一五一

民到于今受其賜　阮本于作於誤

無別妾勝　阮本勝作媵此誤

是三代有五伯矣　自此至或作霸也皆襲用左成二年傳疏惟五作

伍

霸者把也　左成二年傳疏無者字此中候霸免鄭注、文語序疏中候

霸免注云霸猶把也把天子之事也此邢以意節引

公叔文子之臣大夫僎章

注同升在公朝　太平御覽治道部引孔氏曰在作諸

其言之不怍章

疏子曰至也難　阮本舉全文

陳成子弑簡公章

疏左傳錄此事　自此至故傳無文也皆襲用左哀十四年傳疏惟左傳
作論語此邢所改
此云沐浴而朝彼云齋而請　左哀十四年傳疏此作彼彼作此邢疏
論語故悉互易之下同
故傳無文也　阮本傳作專誤
子路問事君子章
注能犯顏諫爭　羣書治要無能字
疏子路至犯之　阮本舉全文
君子上達章
疏子曰至下達　阮本舉全文
古之學者爲己章

疏子曰至為人　阮本舉全文

馮譽以顯物　此後漢書桓榮傳論馮作憑

不在其位章

疏子曰至其位　阮本舉全文

此章戒人之僭濫侵官也　阮本宮作官是也此用易艮大象君子以思不出其位注不侵官也之義此誤

子貢方人章

疏而子貢輒比方人　阮本輒作輔誤校勘記北監本毛本輔作務謂務字是然輒之誤輔以形近設似輒為勝阮校非也

不患人之不己知章

疏子曰至能也　阮本舉全文

一五三

不逆詐章

注　羣書治要作有人來不逆之以爲詐不億疑之以爲有不信然而人有詐不信有以先發知之是人賢逆詐億不信所以恨恥之也與今本全異

疏子曰至賢乎　阮本舉全文

不可逆知人之詐不可意度人之不信也　阮本知作料意作億

是寧能爲賢乎言非賢也　阮本脫是下九字皆作方匡

爲人億度逆知反怨恨人　阮本上人作婄脫逆知反怨恨五字皆作方匡

驥不稱其力章

疏子曰至德也　阮本舉全文

此章疾時人尚力取勝　阮本脫人字

莫我知也夫章

注而不怨天人　史記孔子世家集解引馬融曰無人字然後漢書趙壹傳

注引有人字與今本同知誤在集解

上知天命　史記孔子世家集解引孔安國曰知作達然後漢書張衡傳

注引仍作知與今本同知誤亦在集解

公伯寮愬子路於季孫章

疏字子周魯人　史記仲尼弟子列傳集解無魯人二字邢據集解引馬

融曰增入

陳其乃曰肆　阮本乃作尸此誤

秋官卿士職云　阮本卿作鄉此誤

應劭曰大夫已上於朝士已下於市　應劭云云本漢書刑法志原作

一六五

大夫以上尸諸朝士以下尸諸市周禮秋官鄉士疏引此注云大夫於朝士於市公伯寮是士止應云尸諸市連言朝耳則此疏用鄭義以完集解本所節去之文也

子路宿於石門章

疏子路宿至者與　阮本無宿字

疆爲之者　阮本疆作彊此誤

子擊磬於衛章

注以其不能解己之道　釋文出不解云本今作不能解

疏此衛風匏有苦葉之詩　阮本無之字

淺則當揭不當厲　阮本揭下有而字衍

契契憂苦也　阮本脫一契字

卷四　十三

三五八

孫炎曰揭衣褰裳也衣涉濡褌也　左襄十四年傳疏引孫炎曰衣褰作褰衣下衣上有以字涉下有水字阮本褌作揮誤

子張曰書云章

注佐王治者　釋文出治也云本今作治者

疏以聽決於冢宰　阮本決作使誤

引書云高宗諒陰　自喪服四制至是說不言之意也皆襲用書無逸

疏惟曰作　云陰作闇

故載之於書中而高之　書無逸疏載之下有於字與禮記不同

是說不言之意也　書無逸疏說下有此經二字

鄭玄以為凶廬　後漢書張禹傳注引鄭玄注論語曰諒闇謂凶廬也

山頂曰冢　阮本頂作預誤

晉書杜預傳云　自此至諒闇終喪皆襲用左隱元年傳疏所謂晉書者乃王隱書宋史藝文志不見著錄必亡久矣邢恐無從見也所以知此爲王隱書者後序正義引王隱晉書武紀及束皙傳可證

太始十年　左隱元年傳疏太作大阮本同

學者未之思爾　左隱元年傳疏爾作耳

此亦天子喪事　阮本此作比誤

而云諒陰三年　左隱元年傳疏諒作亮

菲杖經帶　左隱元年傳疏經作絰阮本同此誤

明不復寢苫枕塊　阮本塊作凷

自天子達於士　左隱元年傳疏機作無於士二字阮本同此衍

萬機之政至大　左隱元年傳疏機作幾

附祭於廟　左隱元年傳疏附作祔是也阮本作拊亦誤

而諱闇終喪　阮本終喪作喪終誤

上好禮章

疏子曰至使也　阮本舉全文

子路問君子章

疏子路至病諸　阮本路下有問君子三字

原壤夷俟章

疏無德行可稱述　阮本可作不誤

衛靈公第十五凡四十二章　釋文作凡四十九章

疏此篇記孔子先禮後兵　阮本篇作章誤

衛靈公問陳於孔子章

一三三

注不可以教末事　史記孔子世家集解引鄭玄曰無事字

疏孔文子之將政太叔也　阮本政作攻此誤

末之聞也　阮本末作未此誤

殷以椇　自明堂位云至備在禮圖孟子題辭解疏襲用此文惟殷皆作商當是宋本如此

椇之言枳椇也　孟子題辭解疏枳作根誤

房謂足下跗也　孟子題辭解疏房作謂誤

明日遂行章

注宋遺匡人之難　案史記孔子世家宋遺桓魋非匡人也孔注有誤疏亦未糾正

疏值吳伐陳　阮本值作會

宋遭匡人之難　匡人當作桓魋
賜也章
注百慮而一致　案楚辭作一致而百慮
由知德者鮮矣章
注言在官得其人　阮本在作任此形近而誤
故無為而治　羣書治要而治作也
子張問行章
注萬二千五百家為州　史記仲尼弟子列傳集解引鄭玄曰無萬字是也
邢所據本已誤衍
立則常想見參然在目前　史記仲尼弟子列傳引包氏曰無目字
疏子張問至諸紳　阮本無問字

此章言可常行之行也　阮本此下有一字

言常思念忠言篤敬　阮本下言字作信此誤

然後可行　阮本然作而通

并紐約用組三寸　阮本組作級誤

長齊於帶　玉藻於作于

紳居一焉　阮本一作二誤

直哉史魚章

注孔曰衛大夫史鰌

孔曰有道無道行直如矢言不曲　太平御覽人事部引此注云史魚衛大夫名鰌君有道無道行常如矢直不曲也

疏不忤逆於人　阮本於作校誤

可與言而不與言章

疏子曰至失言　阮本舉全文

志士仁人章

注無求生以害仁　羣書治要以作而

疏子曰至成仁　阮本舉全文

子貢問為仁章

疏此設譬也　阮本設作荅誤

顏淵問為邦章

疏取其難纊塞耳　阮本難作黈此誤

注馬曰至儉也　阮本下脱墨圍

大路殷輅也　阮本路作輅

通以路爲名　自路訓大也至亦稱爲路皆襲用左桓二年傳疏惟名下有也字

掌王之五路　阮本五作日誤

置於路中　自越席至大路木路亦襲用左桓二年傳疏惟路上有王字中上有之字

注包曰至視聽　阮本下脱墨圍

冕禮冠也　自冠者首服至今貴者下賤也亦襲用左桓二年傳疏惟無禮字

子罕篇云　左桓二年傳疏子罕篇作論語此邢所改

沈引董巴輿服志云　案沈亦沈文阿也孔沖遠疏左傳可但舉其姓邢疏論語豈可不舉其名令人迷惘耶阮本巴作巳此誤

其古禮　左桓二年傳疏無其字

前後各十二旒　阮本脱各字誤左桓二年傳疏旒皆作斿阮本同

旒有五采玉十有二　左桓二年傳疏十有作有十

毳冕前後九旒　左桓二年傳疏九作七

旒有三采五玉　左桓二年傳疏三作二

皆三采繅　阮本三作二此誤

二采玉焉蓋以繅采玉　左桓二年傳疏無焉蓋以繅采玉六字邢增」

其旒及玉　阮本及作又誤

失於驕矜　阮本失作先誤

已矣乎章

疏子曰至者也　阮本舉全文

一五八

臧文仲其竊位者與章

注知賢而不舉是爲竊位　羣書治要無而字是字位下有也字

疏柳下是其所食之邑　自魯語至禽是二十字皆襲用左傳二十六年

傳疏阮本下下有惠字衍

躬自厚而薄責於人章

疏子曰至怨矣　阮本舉全文

不曰如之何章

注猶言不曰奈是何也　阮本無也字

疏子曰至已矣　阮本舉全文

羣居終日章

疏子曰至矣哉　阮本舉全文

一一五

君子義以為質章

疏子曰至子哉　阮本舉全文

君子病無能焉章

疏子曰至知也　阮本舉全文

君子矜而不爭章

疏子曰至不黨　阮本舉全文

君子不以言舉人章

疏子曰至廢言　阮本舉全文

有一言而可以終身行之者乎章

疏此章言人當恕己以及物也　阮本以作不誤

勿加施於人　阮本加作欲誤

巧言亂德章

疏子曰至大謀　阮本舉全文

衆惡之章

疏子曰至察焉　阮本舉全文

注王曰衆或阿黨比周　阮本衆或作或衆此誤

過而不改章

疏子曰至過矣　阮本舉全文

吾嘗終日不食章

疏子曰至學也　阮本舉全文

君子謀道不謀食章

疏子曰至憂貧　阮本舉全文

卷四　十九

知及之章

疏仁能守涖　阮本涖作位此誤

君子不可小知章

疏子曰至知也　阮本舉全文

使人饗飲而已　阮本飲作飫此誤

民之於仁也章

注皆民所仰爲生者　阮本皆作故誤

當仁不讓於師章

疏正義曰　阮本上脱墨圍

君子貞而不諒章

言段受晉邑　自此至是不信皆襲用左昭七年傳疏惟無言字耶增

一一七

是正也　左昭七年傳疏無是字

是不信　左昭七年傳疏信下有也字

事君敬其事而後其食章

疏子曰至其食　阮本舉全文

道不同章

疏則精審不誤　阮本精作情誤

辭達而已矣章

注不煩文豔之辭之　阮本無末之字此衍

季氏第十六凡十四章　此亦本釋文

季氏將伐顓臾章

注言當陳其才力　羣書治要無其字

豈非典守之過耶　羣書治要無豈字之作者

疾如汝之言　阮本汝作女羣書治要無之字

民安則國富　羣書治要無則字

則不貧矣　羣書治要不下有患字皇本同此脫

小大安富　阮本小大作大小羣書治要同

民有異心曰分　阮本異作畏誤

疏冉有季路見於孔子曰　阮本路作氏誤

且是汝之言罪過矣　阮本且作自誤

夫以金其貪利之說　阮本貪作探誤

以示非臆說　阮本臆作億

而在蕭牆之內也者牆謂屏也　阮本脫者字牆上有蕭字此誤脫

一七〇

泰山蒙陰縣　據漢書地理志山下有郡字縣下有禹貢二字此疑涉禹貢疏地理志云蒙山在泰山蒙陰縣西南禹去郡字又以引蒙則其蓺去禹貢二字

注孔曰魯七百里之封　阮本無孔曰二字誤

并五五二十五　阮本并作井

與史佚藏文仲　阮本佚作俟誤此本左襄二十四年傳疏

爾雅曰　自此至形如馬轍柄皆襲用左宣二年傳疏惟爾雅曰作釋獸云

兕似牛　阮本似作野誤

青毛　阮本毛作色誤

交州記云　左宣二年傳疏云作曰

干楯戈戟也　阮本楯下有也字此誤脱

方言云　自此至是干楯爲一也皆襲用書牧誓疏

施乃楯紛　自此至目以爲飾也皆襲用書費誓疏惟乃作汝目作其無也字

考工記云戈祕六尺有六寸其刃廣二寸　此合廬人戈祕六尺有六寸冶氏戈廣二寸至援四之爲文而加其刃二字以聯綴之惟祕當作柲阮本作秘皆誤下同

令句矛戟也　考工記注矛作子此誤

天下有道章

注死於乾侯　阮本侯下有矣字案疏述注亦無惟北監本毛本有當所據本異

一七四

疏故謂家臣爲重臣　阮本重作陪

凡爲政命　阮本凡作元誤

議謂謗議　阮本下議作訕

則度人無有非毀謗議也　阮本度作庶此誤

欲廢申侯　自周本紀云至平王東居洛邑皆襲用詩王城譜疏阮本欲作使誤

云周始微弱者　此六字詩王城譜疏無邢所增入

於是王室之尊與諸侯無異其詩不能復雅故其詩謂之王國風　此二十五字乃鄭君詩譜語邢因其在地理志下遂誤併爲漢書以釋孔注周始微弱云云誤矣又其詩作賤之王國下有之變二字

云專行征伐者　阮本脫行字

隱公名息姑　自此以下皆據史記魯世家惟姑字衍

子閔公開立　魯世家閔作湣此誤

兄僖公申立　魯世家僖作釐此誤

子宣公倭立　魯世家倭作俀此誤

祿之去公室章

疏文公二妃敬嬴　阮本二作子誤

襄仲欲立之　阮本脫襄仲二字

益者三友章

注人之所忌　羣書治要無之字

便辟也謂佞而辟　羣書治要辟皆作辯

益者三樂章

注動得禮樂之節　羣書治要動下有則字
淫瀆　羣書治要瀆作黷
疏謂好沈荒淫瀆也　阮本瀆作濫誤
沈湎於酒　阮本湎作酖此誤
書云酒荒於厥邑　書微子於作于
媟慢也　阮本媟作嫉誤
侍於君子有三愆章
注未見君子顏色所趣向　阮本向作嚮
猶瞽也　羣書治要瞽下有者字
君子有三畏章
注天地合其德　羣書治要無其字

疏與天地合其德　與日月合其明　與四時合其序　與鬼神合其吉凶　見易乾文言疏每句下皆有也字邢去之

老子道德經云　阮本脱道字

生而知之者章

疏有所困嘗不通　阮本嘗作禮北監本作屈皆誤

公如楚　左昭七年傳下有鄭伯勞于師之梁七字當是脱文萬不可去

君子有九思章

疏孔子至思義　阮本義作夫誤下脱墨圍

顔色不可嚴猛　阮本顔上有言字

當思温和也　阮本脱和字

一五〇

八五

凡人執事多情窳　阮本窳作寙誤

不決在形　阮本決作使誤

　齊景公有馬千駟章

注蒲阪縣　史記伯夷列傳注引無縣字

疏終於餓死　阮本脱於字

　陳亢問於伯魚曰章

疏聞斯二者者　阮本下者作蓋屬下讀誤

景刊元貞本論語注疏解經攷證卷四終

一六

卷四共廿四頁計字七千〇九十五

景刊元貞本論語注疏解經攷證卷五

吳縣原籍青水王大隆撰

陽貨第十七 凡二十四章 此亦本釋文

陽貨欲見孔子章

注孔曰云云　孟子滕文公疏引孔安國傳云陽貨欲使孔子往謝故遺孔子豚陽貨陽虎也名貨字虎為季氏家臣而專魯國之政欲見孔子將使之仕也豚豕之小者此有脫文

疏孔子既至陽貨家而返　阮本脫陽字

仕者當拯溺興衰　阮本溺作弱誤

令汝乃懷寶迷邦　阮本汝作爾

言孔子栖栖　阮本栖栖作棲棲

言孔子年老　阮本老作耆誤

性相近也章

疏子曰至不移　阮本舉全文

子之武城章

注戲以治小而用大道　史記仲尼弟子列傳集解引孔安國曰戲作教無道字此作戲誤據疏用大道亦當作用大然太平御覽職官部所引與邢疏本同

公山弗擾以費畔章

疏其使魯為東周乎　阮本脫東字

由也章

疏居猶坐也　阮本猶作由誤

一二六

人之為行　阮本人作仁誤

小子何莫學夫詩章

注群居相切磋　阮本磋作瑳

疏三綱者何謂君臣父子夫婦也　阮本重謂字

禮云禮云章

注非謂鍾鼓而已　群書治要非下有但字

疏鍾鼓樂之器也　阮本鍾作鐘下同

深明禮樂之本　阮本脱禮字

色厲而内荏章

疏子曰至也與　阮本舉全文

鄉原章

注是賊亂德也　孟子梁惠王疏引周氏曰云云亂下有其字下有何晏云

一曰云云與疏合疑據此疏引之注中例無何晏名也

而見人輒原其趣向容媚而合之　阮本向作嚮孟子梁惠王疏同

道聽而塗說章

疏子曰至〻〻棄也　阮本舉全文

鄙夫章

注無所不至者言其邪媚無所不為　後漢書李法傳注引鄭玄注云無者

字言作謂無其字而有諂佞二字此本脫孝書治要亦脫二而無其字

疏未得事君之時　阮本之作也時屬下讀誤

則用心固惜　阮本固作顧

古者民有三〻疾章

一八二

疏謂曠蕩無所依據古之矜也廉者謂有廉隅今之矜也忿戾者　阮本脫此二十四字毛本有而文異

惡紫之奪朱也章

注惡其亂雅樂　羣書治要其下有邪音而三字

苟能悅媚時君　釋文出能説云本今作悦

疏皇氏云正謂青赤黃白黑五方正色也　自此至黃黑也皆襲用禮玉藻疏非皇氏論語疏也阮本脫上正字黃作田無也字皆誤

綠紅碧紫騮黃色是也　阮作騮作駵下同玉藻疏亦同此誤

土色黃　玉藻疏無色字

故綠色青黃也　玉藻疏故作或

火色赤　玉藻疏無色字

火刻金　玉藻疏無火字

金色白　玉藻疏無色字

金色白　玉藻疏無色字

金刻木　玉藻疏無金字

北方水　阮本方作為誤玉藻疏作方

火色赤　玉藻疏無色字

中央土　玉藻疏土上有為字

水色黑　玉藻疏無色字

故驅黄色黄黑也　玉藻疏黄下有之字

宰我問三年之喪章

注責其無仁恩於親　史記仲尼弟子列傳集解引孔安國曰無恩字

一二八

予生未三歲　阮本未三作於二誤

疏宰我嫌其期日太遠　阮本日作月形近之誤耳校勘記據北監本毛本作三年非

惟在喪則皆不為也　阮本惟作推誤

然後離父母之懷　阮本離上有免字

是有三年之恩愛於其父母乎　阮本脫其字

周書月令有更火之文者　阮本書作禮誤

晉太康中　阮本太作成誤

天下之達喪也　阮本達作通誤

先王之制禮也　阮本脫之字

不至焉者　阮本脫焉字

其實二十五月而畢　孝經喪親章疏與此同惟此下有故三年問云
將由夫脩飾之君子與則三年之喪二十五月而畢共二十五字疑邢
疏原有而此本脫去者
若駒之過隙　阮本駒作駟與禮三年問合此誤
故先王為之立中制節　禮三年問王下有焉字此誤脫
壹使足成文理　阮本足下有以字與禮年問合此誤脫
欲報之恩　阮本恩作德
飽食終日章
疏局戲也　阮本局作扃誤
六著　阮本著作箸
古者烏曹作簙　阮本曹作曾皆誤當作曹廣韻十九鐸簙下云六簙

一七九

碁類出說文世本曰烏曹作簙是也
說文弈從北　自此至取其落弈之義也皆襲用左襄二十五年傳疏
惟北作廾
圍棋稱弈者　左襄二十五年傳疏上有沈氏云三字此邢節去
又取其落弈之義也　左襄二十五年傳疏無又字
夫子爲其飽食之人　阮本之人作之之誤校勘記謂終日之誤亦非也
君子尚勇乎章
疏上則尚也　阮本則作即二字古通
必爲盜賊　阮本必作則
君子亦有惡乎章
注好稱說人之惡　群書治要無之字

唯女子與小人章

疏子曰至則怨　阮本舉全文

若父母之類　阮本父作文此誤

年四十而見惡焉章

疏子曰至也已　阮本舉全文

微子第十八凡十一章　釋文作凡十四章

疏或去或就　阮本就作死

否則隱淪嵒野　阮本嵒作巖

微子去之章

注而同稱仁以其俱在憂亂寧民也　史記宋微子世家集解引何晏曰仁

下有者何也三字亂下有而字阮本無也字

疏箕亦當在圻内　自鄭玄以爲至皆紂同母庶兄也皆襲用書微子疏

惟内下有也字

辟漢景帝名也　微子疏辟作避名作諱

皆紂之同母庶兄也　微子疏皆下有是字末無也字

其時猶尚爲妾　阮本猶作尤誤

遍檢書傳　自此至箕子名胥餘皆襲用左僖十五年傳疏惟遍檢書

傳作歷檢諸書

箕子名胥餘　左僖十五年傳疏作胥餘箕子名

紂之親戚也　自宋世家云至各以意言之爾亦襲用左僖十五年傳

疏惟無之字

止言親戚　阮本脱止字左僖十五年傳疏言作云

不知爲父爲兄也　左僖十五年傳疏父下爲作也

各以意言之爾　左僖十五年傳疏作各以其意言耳

乃與太師謀　殷本紀太師下有少師二字

柳下惠爲士師章

疏有士師卿士　案秋官司寇叙官有士師鄉士卿當作鄉此誤

齊景公待孔子章

注季氏爲上卿　史記孔子世家集解引孔安國曰上作正案左傳匠慶謂季文子曰予爲正卿臧武仲對季武子亦曰予爲正卿作正爲是

言待之以二者之間　史記孔子世家集解引末有也字

疏故欲符之以季孟二者之閒　阮本符作待此誤

魯昭公奔濟　阮本濟作齊此誤

一九八

將以尼谿田封孔子　史記孔子世家將下有欲字

齊人歸女樂章

疏齊人至子行　阮本舉全文

孔子年五十六　阮本六作八

齊人聞之而懼　史記孔子世家無之字

盍致地　孔子世家下有焉字

犂鉏請先嘗沮之　孔子世家鉏下有曰字

陳女樂馬於魯城南　阮本馬作焉誤

則吾猶可以止　阮本猶作尤誤

彼婦人之口　彼婦人之謁　孔子世家無人字阮本謁作謂誤

楚狂接輿章

疏來者猶可追　阮本猶作尤誤

猶可追而自止　阮本猶作尤誤

趨而辟之　阮本趨作趍誤下同

長沮桀溺章

注自知津處　釋文出處也云本今無也字與史記孔子世家集解引馬融曰合

滔滔周流之貌　史記孔子世家滔滔作悠悠集解孔安國曰悠悠周流之貌也文選干令升晉紀總論注引孔安國論語注曰悠悠周流之貌似孔本作悠悠

故曰誰以易之也　阮本無也字史記孔子世家集解引同

疏又恐非是　阮本又作有誤

一六四

然猶是也　阮本猶作尤誤

為其不違己意　阮本原祗脱為字耳校勘記以句不可通遂改其作

謂誤

兩人併發之　阮本併作並誤

子路從而後章

注丈人老人也蓧竹器　史記孔子世家集解引包氏曰老人也作老者竹

器作草器名也然太平御覽資産部引包曰云云與邢疏本同

疏殖其杖而芸者　阮本殖作植此誤

並則行矣者　阮本脱者字

人生則皆當有之　阮本生作性

而不仕乎欲潔其身而亂大倫者倫道理也言女不仕　阮本脱乎下

十八字大誤

云田器也　阮本云作芸

逸民章

疏謂柳下惠少連降志辱身矣　阮本矣下衍者字

中應也　阮本應作慮

隱避退居　阮本避作遯

王弼云　自此至荀卿以比孔子皆依釋文推云作注

周公謂魯公章

注封於魯　羣書治要無此三字

孔曰大故謂惡逆之事　禮記檀弓疏引論語云故舊無故則不相遺弃

彼注云大故謂惡逆之事則此孔曰當作鄭曰或偽孔襲鄭義

疏周公至一人　阮本舉全文

施猶易也　阮本猶作不誤

既任爲大夫　阮本任作仕誤

不得令大臣怨不見聽用也　阮本脱也字

則不棄也者　阮本脱也字

言故舊朋友　阮本言作也屬上讀誤

無得責備於人也　阮本人上有一字此誤脱

周有八士章

疏四徧生子　阮本徧作偏誤

鄭玄以爲成王時　自此至末皆依釋文惟鄭玄以爲作鄭云案詩思

齊疏論語有八士鄭以爲周公相成王時所生是也

子張第十九 凡二十五章　此亦本釋文

疏故差次諸篇之後也　阮本差作善誤

士見危致命章

疏子張曰至已矣　阮本舉全文

致命謂士愛其身　阮本士作不此誤

其可以為士矣　阮本士下有已字

執德不弘章

疏子張至為之　阮本舉全文

子夏之門人章

疏其不可者拒之者　阮本脱其字

雖小道章

一一四

疏子夏至爲也　阮本舉全文

亦必有少理　阮本少作小

日知其所亡章

疏子夏曰至已矣　阮本舉全文

博學而篤志章

疏子夏至中矣　阮本舉全文

不汎溋問之也　阮本溋作濫此誤

近學者　阮本學作思此誤

百工居肆章

注猶君子學以致其道　太平御覽資産部引猶作若

疏子夏至其道　阮本舉全文

審曲面埶　阮本埶作勢

君子有三變章

疏子夏至也厲　阮本舉全文

君子信而後勞其民章

注厲猶病也　羣書治要無猶字

疏子夏至已矣　阮本舉全文

大德不踰閑章

疏子夏至可也　阮本舉全文

仕而優則學章

疏子路至則仕　阮本舉全文

吾友張也章

九七

疏子游至未仁　阮本舉全文

堂堂乎張也章

注言子張容儀盛而於仁道薄也　太平御覽人事部引仁作人無也字而
有勉難進三字

疏曾子至仁矣　阮本舉全文

吾聞諸夫子章

疏曾子至喪乎　阮本舉全文

吾聞諸夫子孟莊子之孝也章

注仲孫速也　阮本速作連誤

疏曾子至能也　阮本舉全文

此章論魯大夫仲孫速之孝行也　阮本速作連誤

孟氏使陽膚爲士師章

注典獄之官　羣書治要無之字

疏當哀矜而勿自喜也　阮本而作之

紂之不善章

注後世憎甚之　羣書治要甚之作之甚

疏子貢至歸焉　阮本舉全文

商末世之主也　阮本主作王

紂爲惡行惡居下流　阮本無下惡字

君子之過也章

疏子貢至仰之　阮本舉全文下脫墨圍

則萬物皆覩也　阮本覩作觀誤

一三四

衛公孫朝章

疏衛公至之有　阮本下脱墨圍

天子皆從而學　阮本天作夫此誤

叔孫武叔語大夫於朝章

疏有特告語諸大夫於朝中曰　阮本特作時此誤

及為之舉喻曰　阮本及作乃此誤

四面各有牆　阮本面作圍

牆高不可闚見其在内之美　阮本高下有則字無其字

則人闚見宮内室家之美　阮本宮作牆

若不得其門而入　阮本若下有人字

案世本州仇公子叔牙六世孫叔孫不敢子也　阮本牙作比誤案世

本云云用禮檀弓疏原疏云案世本桓公生僖叔牙牙生戴伯茲茲生莊叔得臣得臣生穆叔豹豹生昭子婼婼生成子不敢不敢生武叔州仇仇是公子牙六世孫此隱括孔疏語而以叔孫不敢子足之實非世本文

叔孫武叔毀仲尼章

疏雖曰高顯　阮本高作廣誤

貞明麗天　阮本無此四字留空缺

言人毀仲尼猶毀日月　阮本脫毀仲尼猶毀日月七字

雖欲絶棄於日月　阮本欲下有毀訾夫日月恃自七字

猶雖欲絶毀仲尼　阮本猶作故人無絶字

案此注意　阮本案作據

多見其不知量猶襄二十九年左傳云多見疏　自古人多祇同音至

此類衆矣皆襲用左襄二十九年傳疏惟作猶論語云多見其不知量

也此邢所改

陳子禽謂子貢章

疏此子禽必非陳亢　阮本非作作

堯曰第二十凡三章　此亦本釋文

堯曰章

注殷家尚白　阮本家作豕

以其簡在天心故也　阮本無也字

仁人謂箕子微子　羣書治要無謂字

重喪所以盡哀　羣書治要末有也字

重祭所以致敬也　阮本無也字
政教公平則民說矣　羣書治要政教作言政
凡此二帝三王所以治也　羣書治要無也字
疏總明二帝三王政化之法也　阮本揔作此
信義感明曰舜　阮本信作仁
則皆能窮極四海　阮本脫皆字
謂車服旌旗之禮儀也　阮本旗作旂
敏達公平也　阮本達作速誤
此章有二帝三王之事　自此至則此章其文略矣皆襲用書湯誥疏
惟刑政孔疏論語以為堯曰之九字為此耳
檢大禹謨誥湯誥　湯誥疏湯誥作及此篇亦刑政

一七二

則此章其文略矣　湯誥疏此作堯曰之亦邢改
諸有圖錄之君　自謂天曆運之數至此皆龍襲用書大禹謨疏惟錄作
籙
世本湯名天乙者　自此至斯又忘矣皆襲用書堯典疏惟世本上有
王侯二字案隋書經籍志所謂世本王侯大夫譜二卷也意宋初已佚
邢以未見是書而删之
改名履　堯典疏改上有又字名下有為字
皇甫謐巧欲傅會　阮本傅作傳誤
斯又妄矣　阮本又作文誤
鄭玄云　自此至言天簡閲其善惡也皆襲用書湯誥疏惟玄下有注
論語三字邢删之

一九五

所謂殺魯（管）叔而𥻆蔡叔也　阮本𥻆作殺皆誤案（邢）此疏用左昭元年及定四年傳殺管叔而蔡蔡叔疏引說文𥻆散之也從米殺聲然則𥻆字殺下米也定上蔡為𥻆形近故譌為𥻆若殺字則祇脫其半耳

微子啟者　阮本啟作開史記宋世家同

而帝紂之庶兄　史記宋世家無帝字

周武王克殷　史記宋世家王下有伐紂二字

乃命微子代殷之後於宋　史記宋世家子下有開字無之字於宋字

而孔注與彼異者　阮本彼作此

十龠為合　阮本十作合

而五量加矣　律厤志加作嘉是也見校勘記

子張問於孔子曰章

注言君子不以寡小而慢也　羣書治要也作之

疏孔子荅言　阮本言作曰

此孔子為説恵而不費之一美也　阮本説下有其字衍

又誰怨者　阮本又作且誤

此説勞而不怨也　阮本怨下有者字衍

又焉貪者　阮本脱者字

失在於貪財　阮本脱於字

則不以寡小而慢之也　阮本則上有君子二字此誤脱

猶復丁甯申勅之　阮本脱丁字

致令既至　阮本至作治誤

期而不至則罪罰之　阮本脱而字

而各當於出納　阮本而下有人君二字

末有經一萬五千九百一十八字總四百八十一章兩行

景刊元貞本論語注疏解經攷證卷五終

五三　卷五共十五頁計字四千五百卅五

王隱晉書

《王隱晉書》輯佚稿本提要

李　慶

這是王欣夫先生的遺稿。原書一册，寫於復禮齋藍色絲欄的稿紙上，上下單邊，左右文武雙邊。每半頁十行。行字數不一。當爲王欣夫先生親筆所書。

王隱，生平事蹟見《晉書》卷八十二，又見《史通·古今正史篇》。爲陳郡（今在河南淮陽）人。父親名銓，曾爲歷陽令。王隱曾仕晉元帝，被貶黜，家居，有志著述。後依征南將軍庾亮，此種《晉書》乃成。

《晉書》在歷史上有多種，據《隋書·經籍志》等文獻記載：有沈約、虞預、王隱、何法盛、臧榮緒、干寶、束皙等人撰的多種晉朝歷史，甚至六朝大詩人謝靈運也著有《晉書》，可惜都已亡佚。

現存《二十四史》中的《晉書》，是唐初房玄齡等奉敕所撰。關於《晉書》的編撰過程，可參見《四庫全書總目提要》，不贅引。《王隱晉書》，是唐初修《晉書》時的主要取材資料。

有關王隱之作，《隋書·經籍志》著録：《王隱晉書》八十九卷，今殘缺，晉著作郎王隱撰；《舊唐書·經籍志》著録：《晉書》八十九卷，王隱撰；《新唐書·藝文志》：《王隱晉書》八十九卷。

唐代劉知幾在《史通》中對前代的《晉書》有所評論。對《王隱晉書》的品評，大旨如下：

認爲其在體例上，有所創新。具體表現在，不列皇后於《紀》（參見錢大昕《十駕齋養新録》卷六《晉書敘例》，乃是據《史通》之言）。前史書中的『論贊』，王隱則改稱『議』（《史通·論贊篇》）。

時而採用新名，如《十士》《寒儁》，乃是『時采新名，列成篇題』（《史通·稱謂篇》）。

其記事，有時能運用前人的實例，比較客觀。如《史通・敘事篇》：『王隱稱諸葛亮挑戰，冀獲曹咎之利。』其事相符。』

收集的資料比較豐富，『廣採州閭細事，委巷瑣言』；『異乎《三史》之所書，《五經》之所載也』（《史通・書事篇》）。採用巷間故事，和裴松之的《三國志注》相類。（《史通・人物篇》）劉知幾對這樣的做法並不贊許，但反映了該書取材的一個側面。

也有不少貶評。《史通・古今正史》稱，此書是王隱在他父親王銓未成之書的基礎上撰成，『章句混漫者，必隱所書』。認爲他『舞詞弄劄，飾非文過』（《史通・曲筆篇》），甚至認爲此書是衆多《晉史》中『尤劣者』（《史通・雜説中》）。房玄齡等編撰的《晉書》也認爲，王隱之作『文辭卑拙，蕪桀不倫』（《晉書本傳》）。今日看來，這些評價，或許見仁見智，未必有定論。在此稍加列之，顯其特色而已。

不論怎麽説，王隱的《晉書》是當時諸《晉書》中有影響的著作之一。南北朝時期，北齊的學者李繪曾爲此書作注，《北齊書・宋顯傳》：李繪『依裴松之注《國志》體注王隱及《中興書》』。唐代編修《晉書》，王隱之書爲取材的十八家史書之一，如無影響，恐不會如此。

至宋代，《郡齋讀書志》《直齋書録解題》未載，或已亡佚。

在此後的歲月中，該書長期未見真面目。

清代大興文字獄，實行嚴酷的思想禁錮。乾隆之際，爲粉飾盛世，修《四庫全書》。從《永樂大典》中輯出數百種典籍。於是社會上掀起了一股『輯佚』之風，經史子集，多有人在。如王謨刊印的《漢魏叢書》、馬國翰的《玉函山房輯佚書》等，不一而足。《王隱晉書》，因不少史書中都曾引用，故也不乏輯佚者，如清代有黄奭、湯球、王文俊、陶楝等的輯本。

晚清時期，隨着對『正史』校勘研究的深入，湧現了張文虎對《史記》的校勘，王先謙的《漢書補注》《後漢書集解》、盧弼的《三國志集解》等名著。而對於《晉書》的文本研究，自清代盧文弨、錢大昕、淩廷堪、章宗源以來，晚清時期文廷式、丁國鈞、吳士鑒、劉承幹等都有探究。

王欣夫先生和盧弼有交往。他撰《補三國兵志》、輯佚的這部《王隱晉書》，或是受這時學術風氣的影響，是這種學術風氣的産物。

筆者推測，這本書是王欣夫先生年輕時代的作品，中年之後整理、彙集成目前的樣子。時間或是在二十世紀五十至六十年代生活比較安定的時期。是否如此？謹供有關研究者參考。

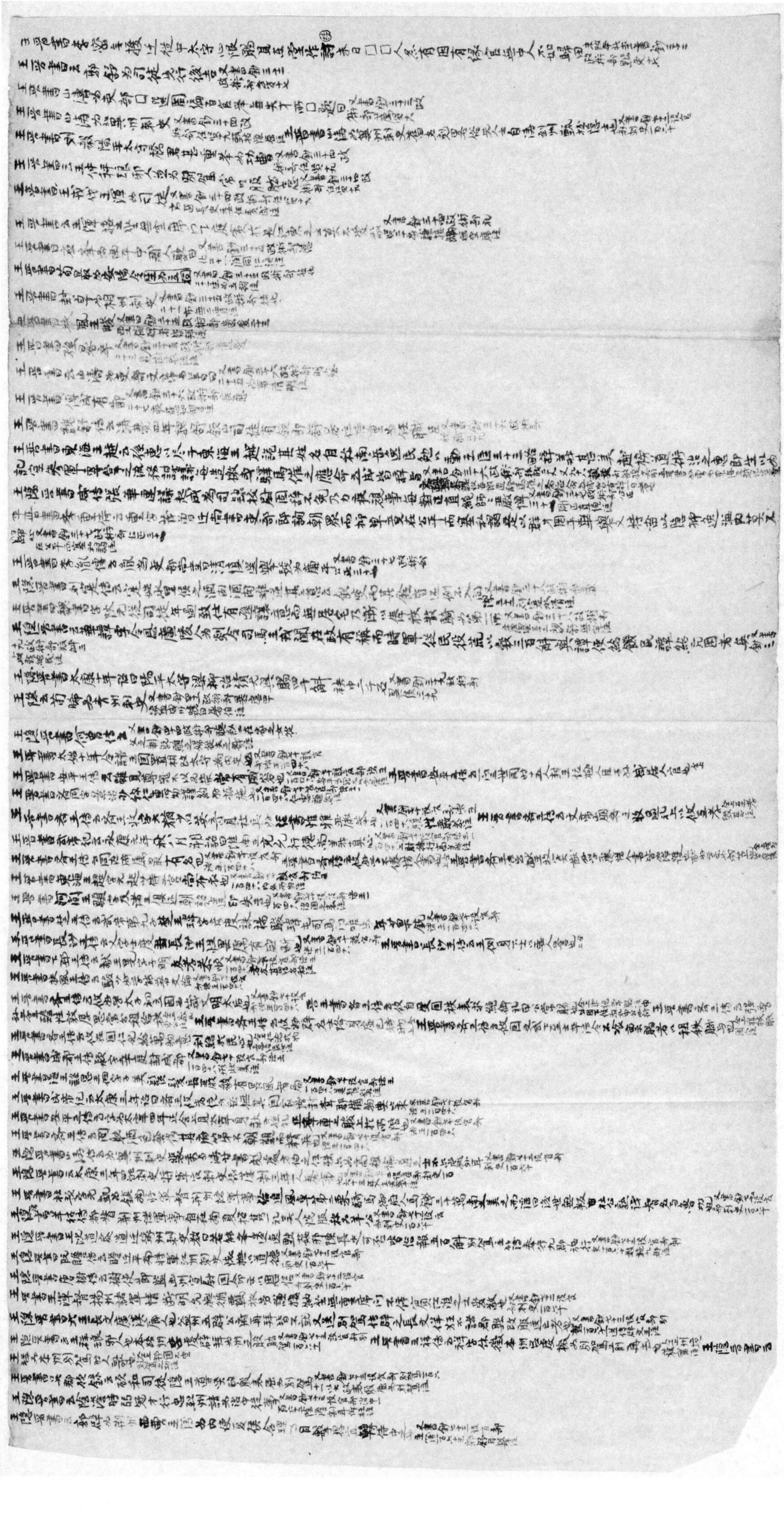

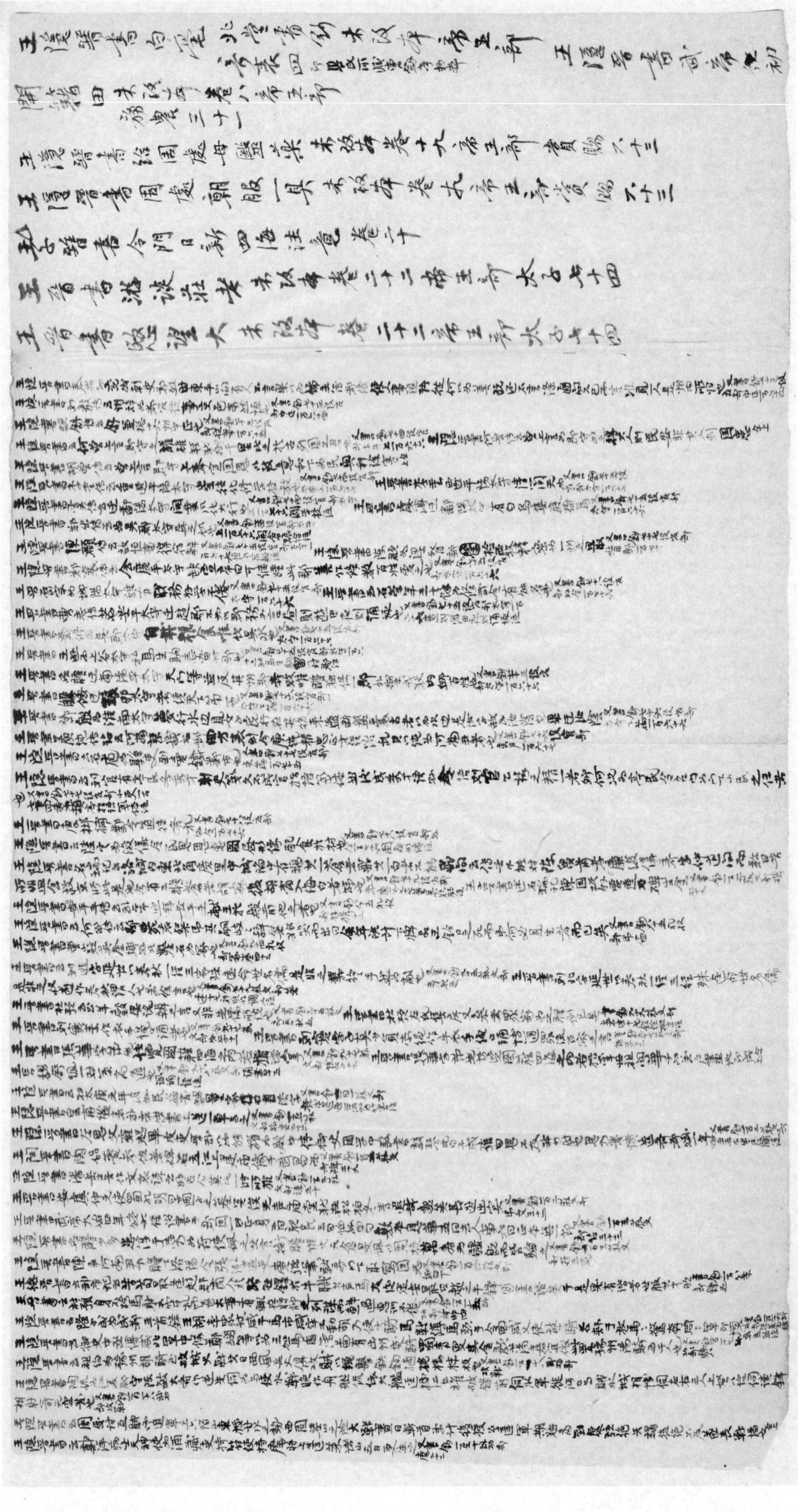

賢士歸之未殁其世而王天下政諸侯鄉者言曰義人在上天下必治上帝山川鬼神必有幹主萬民
被其大利吾用此知之是故古之聖王發憲出令設以為賞罰以勸賢是以入則孝慈於親戚出則
弟長於鄉里坐處有度出入有節男女有辨是故使治官府則不盜竊守城則不崩叛君有難
則死出亡則送此上之所賞而百姓之所譽也執有命者之言曰上之所賞命固且賞非賢故賞也上之所
罰命固且罰不暴故罰也是故入則不慈孝於親戚出則不弟長於鄉里坐處不度出入無節男
女無辨是故治官府則盜竊守城則崩叛君有難則不死出亡則不送此上之所罰百姓之所非毀
也執有命者言曰上之所罰命固且罰不暴故罰也上之所賞命固且賞非賢故賞也以此為君則不義
為臣則不忠為父則不慈為子則不孝為兄則不良為弟則不弟而強執此者此特凶言之所自生而暴
人之道也然則何以知命之為暴人之道昔上世之窮民貪於飲食惰於從事是以衣食之財不足而飢
寒凍餒之憂至不知曰我罷不肖從事不疾必曰我命固且貧昔上世暴王不忍其耳目之淫心涂之
辟不順其親戚遂以亡失國家傾覆社稷不知曰我罷不肖為政不善必曰吾命固失之於仲虺之告曰

墨子　二

墨子非命上

我聞于夏人矯天命布命于下帝伐之惡龔喪厥師此言湯之所以非桀之執有命也於太誓曰紂
夷處不肯事上帝鬼神禍厥先神禔不祀乃曰吾民有命無廖排漏天亦縱棄之而弗葆此言武
王所以非紂執有命也今用執有命者之言則上不聽治下不從事上不聽治則刑政亂下不從事則財
用不足上無以供粢盛酒醴祭祀上帝鬼神下無以降綏天下賢可之士外無以應待諸侯之賓客內無
以食飢衣寒將養老弱故命上不利於天中不利於鬼下不利於人而強執此者此特凶言之所自生
而暴人之道也是故子墨子言曰今天下之士君子忠實欲天下之富而惡其貧欲天下之治而惡其亂
執有命者之言不可不非此天下之大害也

王晉書云泰始三年詔張華為黃門侍郎持覽畫籍四海之内若指諸掌

王晉書云江統字應元為黃門郎作朝會儀

王隱晉書傅玄字休逸為散騎常侍晉受禪進爵加駙馬都尉与皇甫陶俱掌直諫志在拾遺多所救正 並書鈔五十八

白毫 王隱晉書 書抄卷一

初開籍田 書抄卷八 紹興本鈔引王隱晉書武帝

給周處母醫藥 書抄十九 賞賜引王隱晉書

周處賜轉服一具 仝上引

今開日新四海注意 書抄二十 廢立引王隱晉書

遊洙莊老 書抄二十二太子引王隱晉書

懸懷淮水 仝上引王晉書

戢攜孥婦 書抄廿幽逆引王隱晉書

王隱晉書云鄭默字思元為散騎常侍世祖祀南郊侍中已

陪乘詔曰使鄭常侍默曰卿知何以得參乘昔州內舉卿同輩

常愧有累清談

王晉書云程延咸字延祚太始十年詔曰黃門郎咸博學洽通

文藻清敏其以為散騎常侍

王晉書云吏部郎李重合啟東莞太常博士曹嘉之才幹

學義不及公曹志而良素修潔性業踰之宜補員外常侍 書鈔

五十八

王隱晉書云司馬景王為撫軍大將軍持節都督中外諸軍錄尚書事上初攝萬機正身率法朝政肅然

王隱晉書曰衛瓘加侍中守尚書令下士盈門瓘視諸尚書如視參佐視諸郎如視掾屬

王隱晉書云荀顗文帝輔政顗外甥陳泰薨啟顗代領吏部顗承泰後加之淑慎綜核名實風譽益著

王隱晉書太康始舊置左僕射以山濤清虛恬簡特為左僕射　並書鈔五十九

王隱晉書山濤為吏部前後所選周遍內外百官舉無失才

濤所題名同皆如所其言惟詔用陸亮濤爭之不得亮尋以
賄敗
王隱晉書云山濤為太常遭母喪歸于植松柏詔曰今風俗陵遲
豈宜鎮以退讓山太常雖在諒闇其人墨絰從戎其以濤為
吏部尚書濤用人皆先密啟然後□奏
王隱晉書云鄭袤遷吏部尚書牧馬於家庖妻息素食
不受一錢於人當時清淨內外肅然
王隱晉書云傅咸字長虞為右丞殿中當大百官莫不整肅而
尚書東平王楙郎瑥字植日比等不整吉望咸以楙等既在機近
宜垂風教先百僚紆有違慢宜自投力而晏然在外不赴遵

急奏免樹府前後所彈奏辭皆依切如八座以下莫不側
目者
王隱晉書云羊祜以山濤為司徒頻讓不許濤出遂歸家
左丞白褒奏濤違詔〻杖褒五十 [illegible]晉書
又云郝隆字江林為尚書郎遷左丞在職為百僚所憚
又云劉毅字長升為尚書左丞正色在朝三臺清肅出為中
丞
王晉書云李胤為吏部郎清慎舉選號為廉平
王晉書云李重字茂曾遷尚書吏部郎詢朝眾而
抑華競任公平而塞私謁以君子才用不異舉文

特留心幽隱海內莫不歸心也
王隱晋書曰杜錫字世嘏補吏部郎不敢用鄉親
一人也
子云山濤為吏部郎武帝與書曰足下在事精（清）明潔操
邁時念多所乏今致錢物
王隱晋書云陸機字士衡為尚書郎與吳王表曰以臣頗尚文學
兄為殿中郎
王隱晋書云樂彥輔為尚書郎衛瓘見之奇之命諸子造焉曰此
人之水鏡每見此人瑩然若開雲霧覩青天
王隱晋書云賈充字公閭除尚書郎典定法令兼度支考

詠辭章制度多皆通了也

又云刘頌为尚書郎定科律理词訟數年轉廷尉正

王隱晋書云魏舒字陽元为尚書郎時選部郎或以非其才者將有沙汰之言舒曰吾即其人也同僚素無清論者或以自愧之色識者莫不詠其高也

又云解系兄弟齊名清身潔己結歷常侍育任太子洗馬舍人尚書郎州里榮焉

王隱晋書云杜預字元凱以□□之恩權拜尚書郎

王晋書趙孟字長舒入補尚書都官令史善於清談有國士之風其面有瘢黯

王隱晉書云李苾字升平剛簡毅□羣礼命為功曹除吏部
令史苾用法平慤也　晉書鈔字
王晉書李密無援遷漢中太守心恨賜見東堂作詩末
章曰人亦有言有因有緣官無中人不如歸田
王晉書云魏舒為司徒先行後言　書鈔卅七
王隱晉書山濤為吏部居選職周徧百官舉無失才　書鈔卅三
甄拔隱屈　王隱晉書山濤為冀州刺史
王晉書華譚傳幼而好學揚州刺史周浚引為從事
王隱晉書劉毅僑居平陽太守杜恕甚重之舉為功
曹

百姓愛之 王晉書鄭袤廣平守

高選長史委任責成 王隱晉書曰王戎代王渾為司徒

王晉書云王渾勞謙接納坐無空席門不停賓於

是江東之士莫不愛敬 書抄卅四

王晉書應華為南郡守羣人歌曰潤同江海

生為立祠 王晉書荀勗為安陽令

市無貳賈 王晉書甘卓為湘州刺史

西土樹碑共皆拜手 王晉書扶風王駿

見樹哀泣 王晉書劉暠事 並出抄卌四

王晉書云山濤為吏部郎文帝與書曰足下為事清明

疾惡如讎 王晉書傅咸有節

河汰郡吏　王晉書劉毅傳居平陽太守

王晉書魏舒傳云山濤以魏舒領司徒有頃即

真舒居位持重爲任職吕

王晉書東海王越云孫惠以策干東海王越詭其姓名

自稱南岳逸民勉以勤王匡主三十三略辭義甚美越

檄召以求之惠乃出以爲記室參軍專掌文疏豫參謀

議每造書檄或驛馬催之應命立成皆有文采　書抄並艾

王晉書李胤傳云胤爲吏部尚書清慎選舉云之　書抄三十七口部呈　爲之台平四字下

王隱晉書袁侃傳張華建議起侃爲司隸校尉固辭不免每

云剛正直繩師之嚴憚　書抄三十七

王晉書李胤領司隸校尉屢自表讓不宜並監司之官皇
太子出居東宮上以司隸内外百僚皆肅邦畿乃任峻重
王晉書何曾字穎考為司隸校尉時撫軍都尉尹模因校事
作威曾奏收之罪惡狼籍
王晉書何曾字穎考為司隸校尉曾啟文帝曰公方以孝治天
下而聽阮籍以重哀飲酒食肉於公坐宜擯四裔無令汙染華
夏文帝曰此子羸病若此君不能為吾忍之耶曾重引據甚切
而以籍飲喫兼故也書抄六十一
王隱晉書劉寔傳云寔性冰清鄉里僚以伾內雜遂共
欲嫌而其條皆還例不下門

王隱晉書魏舒字陽元從司徒年老遜位至還讓意而七十居宅乃
陋以侍從牧綠為公第一所　書鈔三十八
王隱晉書劉毅字仲雄為司隸校尉奏劾曹劉寔羊琇陳祐所
犯狼藉司部守令相事相連及望風投印綬其豪貴戚斂
手
王隱晉書齊王攸字大猷少以英彥見稱拜除步兵校尉時年十八
初受戎職任職處事清憲綏御有方
王隱晉書武帝詔曰射聲校尉胡奮忠亮寧才任內參九列不宜
因之常例勿使下吏
王隱晉書云王允為屯騎校尉給千人營四百吏更司馬

王晉書云下邳王晃傳云晃坐家人長水校尉領千營置長
史司馬
王晉書陸喜字文仲 喜仕吳稍至屯衛校尉既名族以結門
名聲好學有才思 晉書卷六十
王晉書李熹字季和遷御史中丞爲人秉直不憚彊禦
王晉書傅咸字長虞遷御史中丞奏劾尹府夏侯陵取官
田立私屋近小人委以家計令工匠竊盜官物附益於私由此
顯唯和醜向充斥大臣譏罵奏以爲訓奏上免陵官
王晉書杜預爲鎮南入辭啓巴蜀有陳壽才史通博宜補黃散
上曰卿說晚陳壽已作治書御史否預對曰唯在聖旨即手詔

用壽為治書侍御史

王晉書庾峻字山甫博學有才思長安大獄久不決轉峻為侍御史往斷之朝野稱焉 並書抄六十二

王晉書云程劭字公郎良太始六年詔曰劭敦悅典誥老而不倦宜在左右以篤儒教其以為給事中 書抄五十八

王晉書李重傳云重字茂曾遷尚書吏部郎詢朝衆以抑奔競任公平而塞私謁是以群才罔不畢舉又特留心隱逸海內莫不歸心 書抄三十七

王隱晉書云華譚字令思廣陵人為剡令司馬王戎闕左政有稱於時年民饑荒以穀三萬斛與譚使給飢民

王晉書云郗默為東郡太守值歲荒民飢輒開倉賑給出郡自劾待罪朝廷嘉默憂國卹民詔書褒歎比之汲黯班告天下若郡縣有此比者皆聽出之

王隱晉書太康十年詔曰陽平太守梁柳治績尤異賜穀千斛秩中二千石 書抄三十九

王隱書云荀晞為青州刺史 書抄四十一 流血成川號曰屠伯下

在家之女從父之制既醮之婦從夫之戮 書抄四十四注引王隱晉書衛瓘 侍云

王隱書山濤傳曰武帝以山濤為司徒頻讓不許濤出遂歸家左丞白褒奏濤違詔杖褒五十

王隱書云荀勖與賈充共定律令班下施用各加祿賜 並書抄四十五

王隱晉書封楊駿爲臨晉侯時人竊言封侯稱臨晉侯後必亡國

王隱晉書羊祜傳云武帝封祜妻夏侯氏爲萬歲鄉君 書抄の大

王晉書曰庾峻弟純字謀（諶）夫門宗最知名博學有思理爲世名儒早有公望 書抄五十

王隱晉書何曾字穎考以太傅領司徒不可以久勞耆艾進位太宰朝會乘輿劍履上殿如漢蕭何田千秋魏鍾繇故事

王晉書劉寔字子真拜爲太尉時不治產業居無第宅衣取祿賜口皆給附親舊世家無餘財

重出

王隱晉書劉寔字子真拜太尉自陳年老固辭不許寔不滿七尺精學不倦每居官職手於皓首不釋卷也

王隱晉書石苞太始元初拜大司馬加侍中羽葆鼓吹之樂 玉抄五十七

王隱晉書何曾字穎考以太保領司徒曾固讓詔曰司徒舊宰相之職自古及今總論人物訓治之本也

王隱晉書山濤以左僕射為司徒詔曰濤道高德茂器宇淵深流宣贊三司以敷五教

王隱晉書魏舒字陽元山濤薨領司徒明頃印真舒居位簡亮持重為任直臣

王隱晉書石苞為司徒深陳農桑本務明其考課居位五年

天下稱之

王隱書魏舒字陽元為司徒祿賜散之九族

王晉書魏舒字陽元山濤薨領司徒有頃即真舒居位簡

亮於事為任直臣

王晉書王戎字濬仲代王渾為司徒高選長史西曹掾委任責

成

王晉書裴秀字彥卿為司空刪定官制損益多善其所裁

咸當理又達考工作禹貢地域圖事成奏上藏於祕府

為世名公

王隱書王祥瑯琊人武帝太始元年拜太尉保詔曰太保

耆艾元老高行清粹朕所毗倚以隆道宏治者也

王戎為太保七年鄴綮以侯就第拜儀同三司置舍人官騎其賜牀帳簟褥等

又云元康元年詔曰中書監張華歷代心腹情所憑賴酬其勳績（清）使儀同三司給親信滿百人

又云太始八年詔曰使持節都督荊州諸軍事衛尉將軍羊祜歷位文武有佐命之勳其以祜為車騎開封如三司之儀

又云張華字茂先惠帝元年詔曰中書監光祿大夫張華歷世腹心情所憑賴虛沖挹損雖為高尚其以為光祿大

夫儀同三司
又云王戎字濬仲晉惠帝元康元年詔曰尚書僕射
光祿大夫戎清虛履道謀猷沖遠歷外任宣力四方
入掌機衡宜材允叙將澄清風俗整一群望宜崇其職
乃可贊成王化其以王戎為光祿大夫開府儀同三司
王晉書武帝以羊琇為太僕卿遜位拜特進加散騎常
侍給吏卒服馬 右抄五十二
王隱晉書王祥拜太常高貴鄉公入學命祥為三老祥
南面几杖以師道自居帝北面乞言祥於是乃抑以
於王者帝之軌君道之要俯以訓帝為雅闡之莫不

司馬法

賞於國者物三十~~餘~~權貴節引

[illegible]

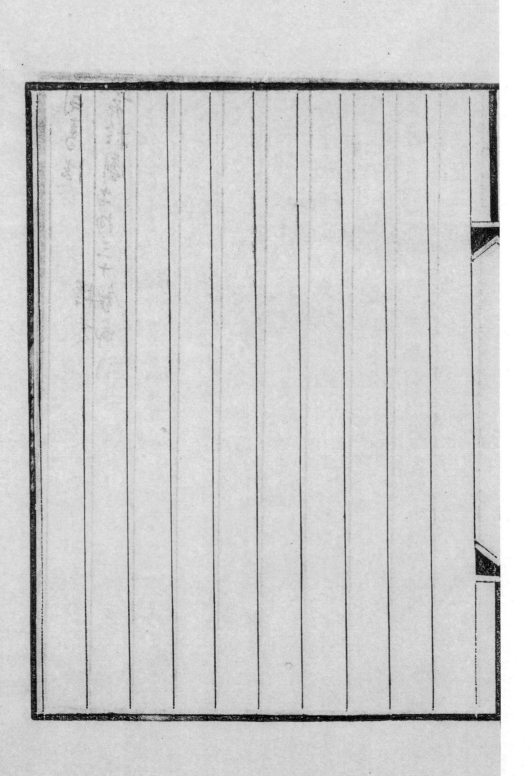

砥礪向學

王隱晉書云鄭默字思元遷太常山濤欲舉一親爲博士見默語曰卿似尹翁歸令吾不敢復言謂其柔而能整也

王晉書張華爲太常以陵下太廟屋棟折免

王隱晉書鄭默字思元轉光祿勳寬沖博愛不以聲色矜人雖卒徒厮養之人皆遇之以恩

王晉書應詹傳詹字思遠遷光祿勳王敦作逆帝問於何答曰陛下宜奮赫斯之威臣等負戈前驅不願俟命以討逆社稷之計也即日以詹爲護軍將軍

書抄五十三

王晉書云傅玄為太僕時比年不登羌虜擾邊詔公
卿會議省中玄乃隨詔所問陳事精灼雖不及施行
而常見優容出御五十
王隱晉書云江統字應元為廷尉正作正刑論
王隱晉書石苞傳云苞賣鐵鄴市市長沛國趙
元儒名知人見而異之便與結交歎其雅量當至公
輔出御五十四
王隱晉書荀勖傳云勖字公曾為光祿大夫儀同三
司開府辟召時諸州群大水勖陳宜立都水使者門下
啟通事令史伊羨趙咸為舍人對掌文法詔以問勖

勖云增文法之職遷還耗擾劇臣竊謂不可聽之
也
王隱晉書劉寔字子真以右光祿大夫儀同三司開府
辟召
王隱晉書華表字子偉多自退靜上表乞致仕詔以爲
太中大夫門施行馬秩與卿同卒年五十八
王隱晉書張華字茂先爲中書令加散騎常侍爲中
書監永平元年詔曰華體良清粹才識經濟前
任中書有思謀之勤機密之要宜得其才以華爲中書
監加侍中

王隱晉書荀勗字公曾拜中書監加典著作詔撰天
帝記又与賈充共定律令班下施用
王隱晉書華簡傳云簡字奉駿有智器文藻以選
中書郎
王隱晉書陸機傳字士衡以文學轉中書郎
王隱晉書李重字茂曾遷中書侍郎每大政及疑議
輒參以經典處決多皆施行
王隱晉書云惠帝永平元年詔曰秘書綜理經籍考
核古今課試署吏須四百人宜表其事然後精詳中書自
有職事務相連統撥寺付丞理必宗其後表秘書監

也

王隱晉書曰謐字長淵元康末爲秘書監兼掌史籍焉

王隱晉書華嶠字叔駿爲秘書加散騎常侍典中書著作及治禮音律天文術數南省文章門下撰集皆統之

王隱晉書華嶠字叔駿爲秘書監詔曰嶠爲書家錄有良史之才也

王隱晉書華嶠字叔駿爲秘書監詔曰嶠體骨道弘簡文雅洽通歷覽古今博文多識屬書實錄有良史之

才也

王隱晉書荀勗字公曾領秘書監太康二年汲郡冢中得古文竹書勗手自撰次吏部注寫以為中經經傳闕文多所證明

王隱晉書荀勗以中書領著作

王隱晉書何嵩字泰基善史漢為著作郎亦不能作晉書

王隱晉書云張載為著作佐郎才通經史能作晉書

王隱晉書云陳壽字承祚好學善著述除中書著作佐郎撰三國志書抄五十七

石瑞記云太安元年前著作郎丘申表祿世祖武皇帝權
目見以新之中授承著作佐郎典治天下文義教術乃撰洪志
也書抄五十七
王晉書陳騫字休旅為大司馬致仕在朝之賜騫衮冕之服詔
聽留京城以前太尉府為大司馬府增置祭酒帳下官騎大鼓
吹書抄五十
王隱晉書郭默字思元為秘書郎刪省舊文除其浮穢時陳
留虞松為中書令謂默曰而今而後朱紫別矣
王隱晉書云左思字太沖吉思三都絕人流之事自以所見
不博求為秘書郎書抄五十七

王晉書山濤子冀州轄為北中郎將以守鄴也 古抄六十三
王隱晉書衛瓘行鎮西軍司監鄧艾鍾會諸軍已綏納新
舊離合同異華陽即敘
王晉書衛瓘字伯玉行鎮西軍司監鄧艾鍾會諸軍
已檄召艾諸將稱詔收艾瓘乘使車徑入成都尉殿前艾
父子俱受取諸將懷艾者圍赴封取艾整兵向瓘瓘輕
衣將一宿便出營門故作表章示之申明艾已誅將信之
皆解散 古抄六十三
王晉書梁王侈彤為驃騎將軍置左右長史司馬為選
佐史

王隱晉書應詹傳云王敦將作逆明帝問曰於何應詹奮袂慷慨答曰陛下宜奮赫斯之威臣等當負戈從戎必傾族滅之禍以順討逆即日以詹為護軍將軍因以滅敦

王隱晉書景王為中護軍作選用之法舉不越功吏無私焉

王隱晉書羊祜字叔子遷中領軍悉統宿衛入直殿中執兵之處要事監內外祜以大事既定辭不復入

王隱晉書紀瞻字士達朝廷稱瞻弘亮雅正才兼文武儀轉領軍時人素服瞻之嚴毅六軍祇肅作敬憚詢謀尋以風病自表去官遷黃門就詢軍事

王晉之羊祜字叔子爲征南大將軍開府辟召儀同三司進
據險要開建五城收膏腴之地奪賊人之資於是江浦馳
義者也 之物不考

王晉之何劭字敬祖以本官領太子太師初楊駿以祖西注情
於廣陵王遹而賈后無子遂立遹爲太子欲令親萬機而年
爲小故盛選六傳以部領太師通省尚書事

王晉之刘寔懷帝以寔爲特進開府加太子太保

王晉之荀顗傳時何曾議少傅當緣邑

王晉之山濤爲少傅詔曰宜使輔導東宮

王晉之山濤爲少傅詔曰濤秉德冲素思心潛通清虛履道

有古人之風雖使輔導東宮宜兼播朝己也

王隱晉書衛瓘字伯玉爲太保領少傅加千兵百騎鼓吹之府

王隱晉書山濤轉少傅年已七十表疾求退不許尋講武於宣武

陽

王隱晉書山濤年七十表疾求退帝手詔不聽遷尚書右僕射

王隱晉書劉卞字叔龍爲左衛率知賈后必害太子乃問計張

華華曰初無所聞 書抄入手

王隱晉書祖納傳字士言以清言名釋理文義可觀遷太子

中庶子

王隱晉書梁益傳云太子中庶子文立才行優著

王晉書：杜錫侍錫字世嘏，為太子中舍人，數諫太子
王晉書：李宓字令伯，時人稱其才辯，蜀平名以為太子洗馬
王晉書云：解系字少連，清身潔己
王晉書云：解系字少連，中兄結字仲連，次兄育字稚連，名
清身潔己，仕皆洗馬，州里榮之
王晉書云：秦秀傳摯虞字仲洽，少好學，以賢良拜太子舍人
王晉書：王衍字夷甫，以名理超為太子舍人
王晉書：潘岳字安仁，神形清辯，能屬文，為太子舍人
王晉書：樂廣字彥輔，由是性寡嗜好，由是顯名，為太子舍人
王晉書曰：王祥字休徵，魏帝高貴鄉公入學，將崇先典，乃命祥為三

並手抄不全

者

王隱晉書云晉文王教云嵇康學生三千人上書請康爲博士手抑不平也

王隱晉書云太尉中郎棗據通識有文武

王隱晉書劉琨字越石少隽朗乃出故尚書郎郭弈外甥年

二十七爲太子掾

王隱晉書云書志爲上丞相辟司馬宣帝爲文學掾上初稱疾

不應上遣召之乃與應命丞相見上心忌之曰觀此掾必謀我

家事也

王隱晉書云周震累爲諸王辟既下車公輒喪亡號震曰殺

公掾莫肯辟者司徒魏舒周周辟之果無患時以歸之也七抑不入

王晉書紀瞻字思遠能言玄理司徒東海王越以為祭酒
又云顧榮字彥先廿為主簿光祿大夫張華辟為祭酒
又云左思字太沖廿好學司徒隴西王大辟為祭酒
王晉書王承為東海越王記室越與世子毗教曰王參軍人倫師表
王晉書孫惠傳司空越王治兵下邳惠以書干之之為造室書
檄承命立效
王晉書甄靜為相國參軍晉王深加器敬罷朝目送之曰
人之領袖吾物並不亂
王晉書裴邈字景聲東海王越以為參軍時日老柳不九垂以機密下
王晉書潘尼字正叔聞齊王起義乃赴許昌與謀時務

王書云~~祖納~~魏舒字陽元轉相國參軍府朝碎事未嘗見是非

至以廢大事多出家議之外

王書云祖納字士言性清淡名理文義可觀少爲隴西王參

軍

王書云李胤字宣伯容貌簡素類雅似不足者而智

度沈邃言必有中

又云周顗以杜楷爲參軍事出教曰杜參軍職守真直

耽學樂道

又云魏舒字陽元爲相國參軍封劇陽子府朝碎事未

嘗見是非手抄又十九

王：晉書太康十年令諸侯王國置相改太守為內史

晉書安平王傳云雖見尊寵不以為榮常有戚容

王：晉書齊王冏字景治幼稱仁惠謹約好振施

王：晉書齊王傳云齊王攸字大猷少以英才見稱長好經書雅性

嚴恭

王：晉書惠帝紀云永康元年秋八月詔曰淮南王允以其

往尚又真心

王：晉書齊王傳云冏在戚屬宗王名也

王：晉書東海王越字元超少有令名尚布衣之操為內外所歸

王：晉書河間王顒字文載為諸王侯還朝語貴近郎先去不為獨

家之表

王晉書楚王傳云武帝以弟九子楚王瑋字彥度誅楊駿瑋

也司馬以瑋少年廿果銳

王晉書長沙王傳云乂字士度爲長沙王性果勇有威斷

王晉書齊王傳云文帝崩齊王攸過禮上以攸孝

王晉書下邳王傳云獻王晃字子明友愛恭順見乃名稱

王晉書齊王傳云攸好學不倦借人書

王晉書齊王傳云獻王攸字大猷好學不倦借人書皆爲治護

也尤好學文爲辭賦上也

王晉書扶風王傳云駿少好學雅著之論

王晉書齊王傳云攸以弟太子初立母以藏文明太后也

王晉書齊王傳云攸自受國租秩表求絕御府常賜

王晉書齊王傳云強曾孫孝王蕤性敦厚有恩常分租秩

王晉書齊王傳云攸以辟名士降身虛己待物

王晉書齊王傳云攸國之將下至士卒徑舍不入塵蹈共以租秩

賦與之

又云日問王騎擊文裁以清尚有檢操輕財愛士

王晉書長沙王傳云乂側身下士以要人譽

王晉書齊王傳冏攸奉國仁化洽物義信於民心

王晉書成都王傳云穎字章度成都王形狀美

王晉書安平王孫字果元美髮鬚長嚴毅有威風智局

王晉書安平王傳云一門三世同時十五人書之位極人臣子孫咸居

官也

王晉書武帝紀云太康三年詔曰齊王攸當出統方岳總典國

家禮其齊郡備物典策

王晉書齊王傳云國勤化息修世務第不朝覲而山高精兵呂

去都七十

王隱晉書山濤任云為冀州刺史甄秀與山濤之甄表才伯之

任殊亦為高祖論道之士不出者有乎

王隱晉書曰太康三年罷刺史將軍官刺史依漢制三年一

樹彥作彬

施刂

〇奏事

王隱晉書杜預字元凱，又鎮南大將軍都督荊州諸軍事，給追鋒車第二乘，騎馬御府人馬工三十具，南土美之，為謠曰後世無叛由杜公，孰識智名與勇功

王隱晉書羊祜傳云：都督荊州諸軍，事自在南夏，於鎮以懷吳人悅服，稱為羊公

王隱晉書王沈字處道，為豫州刺史，教曰：吳賊將退也。郡縣長吏不有皆給穀五百斛，別攜之，葬率行九郡，樣

王隱晉書陸曄（傳本曄）遷平南將軍江州刺史，懷撫以道德

王隱晉書庾樹傳云：樹使於節遷，幽州官喻國命，示以恩

信

王晉書山濤為冀州刺史舊名顯異俗之人士有清到為甄拔隱士搜求賢才

王晉書王渾督揚州諸軍情斷明允撫循羈旅勞謙接納傾心虛席門不停賓江淮之士愛敬焉

王晉書苟晞字道將為青州刺史殺戮刑重民不堪命日斬千人血流成川號曰屠伯人屍漂流不他也

王晉書李暐為交州刺史不能檢制令下患必見殺遂服藥死

王晉書王俊字彭祖為幽州刺史謠曰幽州城門似藏戶中有伏尸王彭祖　書抄七十二

王晉書曰王長文〻廣漢郡人也益州五辟五府再辟皆不就又
送別駕借辟之長文佯狂不詣郡窃以服逃亡
王晉書曰王祥琅邪人也徐州刺史呂虔辟為別駕以為之股肱
糾合義眾
王晉書王祥傳云祥字休徵徐州呂虔檄為別駕州境寇盜
王隱晉書云王祥為本州別駕時人歌曰邦國不空別駕之功
王隱晉書吳郡顧録云顧和司徒王導以州大政般委屬之
別駕
王晉書云鄧攸為荊州西曹主簿為內史及侯舍埋了月擊
乃直盡移為治中

王隱書魏舒傳云舒爲總十六州中正

王隱晉書云泰始初兗州刺史鄭烈時東平山間有人言果以問主簿郄隆使人視此怪事收以吳姜跡還不言隆通問不已乃言惟見一人是爲內所由也

王隱晉書劉毅傳云州辟爲郡官從事爲邑肅然 書抄七十三

王隱晉書云何曾上言郡守之權雖輕猶膺千里比之於古列國之君也

王隱晉書何曾傳曰曾上言郡守上奉宣國恩以臨惠和下爲民興利而除害也

治其人以民安非世人以國患 王隱晉書何曾傳云曾上言以郡守之之

頵書作顗

王隱晋書李秀傳云重遷平陽太守崇德化修學校

王隱晋書虞溥傳云遷鄱陽太守開學業風化大行

王隱晋書鄭默傳云為吳郡太守吳民飢死者杓七十四

王隱晋書陳頵傳云故恒事以病辭

王隱晋書鄭袤傳云會廣平太守缺宣帝曰不繼踵此郡美

作條教百姓愛之

王晋書李秀遷平陽太守清明周年為

王晋書云石崇出城陽太守雖有職務好學不倦

王晋書曹志傳歷樂平太守遷趙郡不以郡務為意晝以

游田夜以誦詠

王晉書曰：典志爲樂平太守，遷趙郡，不以郡務爲意。

王晉書：鄧攸爲吳郡太守，自載糧食，唯飲吳水。

王晉書：王遜爲上谷太守，私馬生駒，悉留以付郡。

王晉書：應詹遷南陽太守，天門等並反，其州郡奔敗，唯詹獨保一郡，外禦寇戎，内息百姓。

王晉書：虞潭遷爲鄱陽太守，有白鳥集庭樹。書抄七十五

王晉書：解脩遷琅邪太守，考績天下以第一。

王晉書：鄧攸爲淮南太守，夢行水邊，見一女子，獸行在其後，來齧斷盤囊。占者以爲水邊有女，是汝字也；斷盤囊者，新獸頭代故獸頭也。不爲汝陰，當汝南也。果遷汝陰。

王晉書庾純傳詔曰河南京畿大都四方表以中書令庾純

植誠忠正才經治亂其以純為河南尹 未扮七十六

王隱晉書陳頵為梁相鄭檢西敗相密為郡尤完

王隱晉書石苞為縣吏賣鐵鄴市

王隱晉書列官有亭民舉秀才刺史箋與不賤宜指諸箋

牒其隱滅秀才為郵令諸列官亭掾之類者於是為亭民令名為

門下吏民之仕者也　況然漁之謂 未扮七十七

王晉書唐彬補鄴令道德齊禮

王晉書石崇年二十餘為修武令有能名

王晉書紀瞻改郡安令勵身居正毛朱不犯也

即皇甫嵩

王隱晉書云陸雲爲浚儀令民思恩惠圖畫形像配食於村社 書鈔七十八

王隱晉書石瑞記云洛城內東北角步廣里中地陷中有二鵝其一蒼者飛去其一白者不能飛問之博士莫能對陳留前孝廉浚儀董養字仲道聞而歎曰昔周所盟會狄泉即此地也今有二鵝蒼者胡象後胡當入洛白者不能飛此國諱也

王晉書云紀瞻與秀才王廙陽除郎中尚書陸機策試之

王晉書嵩與賈謐同歲舉計出爲相府曹公唯酒嵩與陸良其後辟之嵩知其直意不能隨時反而蒙福乘單車入蜀 書鈔七十九

王隱晉書云安平王傳云武帝迎拜安平獻王於殿前

王隱晉書何勃傳云勃豐元表祭弔其嗣岐岐辭祭獨哭而出
曰今年決計下牌子品之銓謂之曰知死而弔但見生者 書鈔八十五
王隱晉書華廙字長駿遷散騎常侍為太子少傅芒以輔導之文
書鈔六十五
王隱晉書江統字元世以學義著名為國子博士 書鈔六十七
王隱晉書傅咸為司徒左長史多所執正 書鈔六十八
王隱晉書安平王傳云自為太宰每年正會遣太宰身執子孫禮乘
輦車上殿上於阼階迎拜 書鈔七十
王隱晉書曹嶷葬金鄉縣北鑿石為冢上 書鈔九十四
石瑞記洛城東北角步廣里中地陷中有二鵝其

一蒼者飛去其一白者不能飛問之博士不能對陳留
前孝廉浚儀董養字仲道聞而歎曰昔周所盟
會狄泉即此地也今有二鵝蒼者胡象後胡當入
海白者不能飛此國諱也 出柳七十九
王隱晉書蒼與賈逵同歲舉計至丞相府曹公留
蒼與語良久便辭之蒼知己直亮不能隨時卑為
家福乘單車入蜀 出柳七十九
王隱晉書安平王傳云武帝迎拜安平獻王於殿前 出柳八十
王隱晉書何劭傳云劭薨袁粲弔其嗣岐岐辭粲
獨哭而出曰今年決計下婢子品王銓謂之曰知死而

弔何必見生共　书抄八十五

郝县地道記曰紂[illegible]楚滅郝徙其君于此因以為名　宋蕭常續後漢书音义一

華陰县地道記曰今潼關是也　續後漢书音义二

王隱晉书云劉兆字延世以春秋一經三家殊塗命世名

儒異非之說紛然互為仇敵　书抄九十五

又云劉實字子真少貧苦繩索作牛衣手繩口誦博

通衆流百家之言

又云張華字茂先博覽圖籍四海之內若指諸掌

世祖問華長安千門萬戶畫地即成　书抄九十七

又云劉實素作牛衣手繩口誦

又云魏舒諷誦一經對冊高第
又云孫惠為東海王越記室掌文疏豫參謀議每
造檄辭馬催之承命立成皆有辭采 本書卷九十八
王隱晉書劉兆字延世以春秋一經三家殊途命世名
儒是非之議紛然遂作春秋調人七萬餘言 本書卷九十九
王隱晉書初太康元年汲縣盜發魏王墓屋冢內竹
書漆字
又云皇甫謐表從武帝借書上送一車與之 本書卷百〇一
王隱晉書左思父雍起自小吏晉武以為能擢為殿中侍御史
思少學鍾繇書鼓琴皆不成雍曰思不及我少時也思乃

此条另録

發憤造齊都賦一年不出戶牖
又云陶侃薨參佐置石二碑立廟像於武昌西江上又述
石瑞記陈國項縣賈逵石碑生金
盛宏之荊州記平魯城南有曹仁記漢水溢碑
又云平魯城南有曹仁記
王隱晋書安憲字仲元使蜀吊孔明曰違子之墓冥
漢故聲廟堂猶在松柏冬青遐哉邈矣長遊幽冥
右補三〇五
又云楚王瑋臨刑出青低洛書示監刑列頌曰此洛書也
受此而行率為社稷今更為罪須之以哽咽

右補三〇二

又云武帝泰始四年班六條詔書于郡國一曰正身二曰親
民三曰卹孤四曰敦本息蕃五曰去人事六曰正本要一覽 太御二〇三
王隱晉書曰詹少多患瘡手智乃為符使佩之其言
日衛瞻北維是天倉昊佩以周旋萬壽無疆洪而
嗜驗之子御二〇三
王隱晉書曰日無光臣有陰謀京房易傳曰臣專
刑罰治兮威蒙徹而自不明 韜耕采十九引王隱晉
王隱晉書陳壽卒洛陽令張泓遣吏齎紙筆就壽門
下寫三國志 蘇易簡文房四譜一
王隱晉書曰吳後置廬陵以南陽滕循為刺史或語循蝦

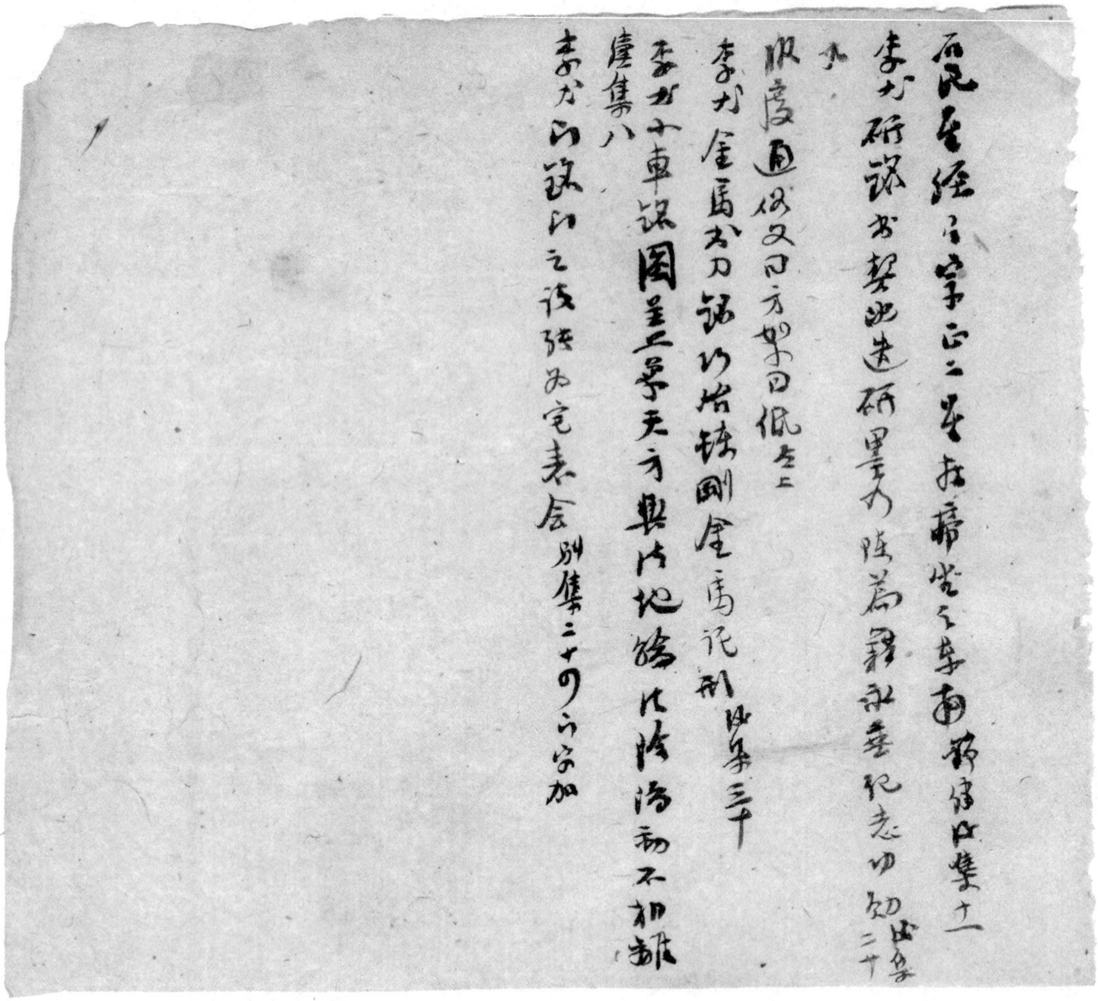

石民書經之字正之某 在稿 堅之李南務律 此集十一
李方叔研銘 書契與迷 研墨而陸爲釋秘無紀志中勿 此集二十
永
服度 直 攸文曰方如東曰低 卷上
李方叔金馬刀銘 以治鎵剛金馬記刑 此集三十
李方叔千車銘 圖是工學天方與內地終比陸治動不相離
塵集八
李方叔石鼓銘 以之讀強爲宅表會 別集二十四之字加

閑之文字硯者墨之器也 文房の譜三

盛宏之荊州記始汎陽縣出石墨 文房の譜五

陸茂李方叔録筆云彊志應事不別七術最筆札而解說口筆撑之掃不及書筆之過誤

揚方不愧 文房の譜二

又墨誌云堅致遠 和字作迹 研墨の法烟石附墨以陳以中 文房の譜五

又研誌云堅緻遠研墨の法萬藉不垂化志功勤 文房の譜三

髮去一丈循不代其人後散至東海取髮長四丈四尺封以手

循亦可服也 唐登仕郎前吳郡段貞國 以上錄自上

王隱晉書曰王隱答華恒云魏太和六年可問 於兩間之說 孫撰

上古今字詁其中鄉主紙今紙也古之素帛依書長短隨事截

絹枚數重沓即明幡紙字從糸此形聲貿者擬之故從溫

舒截圖寫書之和帝元興元年中常侍蔡倫剉搗故布網

抄作紙字從巾義是其聲雖同系巾則殊不得言古紙為

今紙 以上錄注下

王隱晉書樂廣與名士所為何晏鄧颺等諸論衛瓘見而

奇之曰常恐微言將絕今復聞 於閒之說 命諸子造焉曰人之

水鏡也每見此人瑩然如披雲霧而睹青天 十三 舒信可為器 北集

王隱晉書阮籍乃作草鸚鵡賦以為王佐之才 北集十九

王隱晉書東平時乃訪求論曰諸之為偉王乾坤之象者精如山

者深如川 北集三十一

王隱晉書杜預為西郡捉益州樓不勝教斜野伏香男曰

杜預庫言其下而不有 詩律不花石 別集八

王隱晉書宗靖鍊樓人話多比我章書之時為予今衡陸

好學為依莫之心如一差二物 詩律不花石 前集二十一

地之北宜未知出羨陸步高上 北集六

地道記江南 二字按如 陵通五嶺江月峨漢上一都會 紀詩方輿勝覽二十二 江州

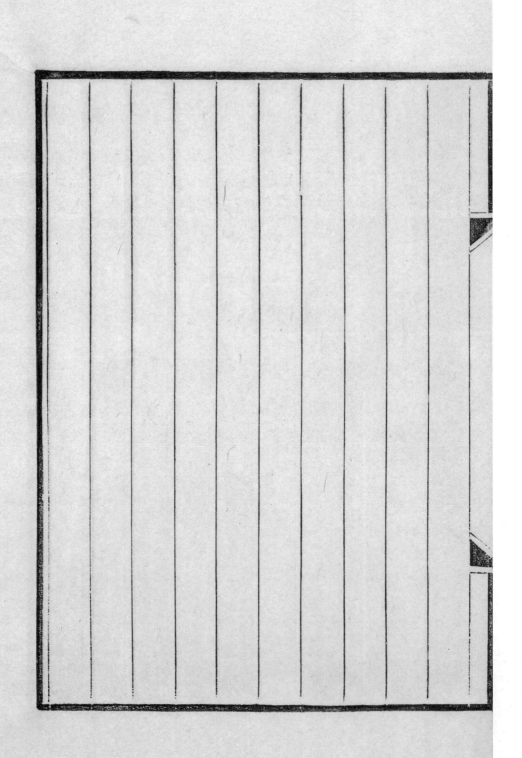

圖書在版編目（CIP）數據

元貞本論語註疏攷證；王隱晉書／王欣夫撰輯；李慶編．--上海：復旦大學出版社，2025.3.
（王欣夫先生遺稿）．--ISBN 978-7-309-17740-4
Ⅰ.B222.2；K237.042
中國國家版本館CIP數據核字第2024D9R959號

元貞本論語註疏攷證　王隱晉書

王欣夫　撰輯　李　慶　編

出版發行　復旦大學出版社
上海市國權路五七九號　郵編：二〇〇四三三
八六—二一—六五一〇二五八〇（門市零售）
八六—二一—六五一〇四五〇五（團體訂購）
八六—二一—六五六四二八四五（出版部電話）
fupnet@fudanpress.com　http://www.fudanpress.com

責任編輯　顧　雷

印　　刷　上海盛通時代印刷有限公司
開　　本　八九〇×一二四〇　十六分之一
印　　張　一九
字　　數　一六九千
版　　次　二〇二五年三月第一版
印　　次　二〇二五年三月第一版第一次印刷

書　　號　ISBN 978-7-309-17740-4/B・822
定　　價　貳佰捌拾圓